空想から
とんでもないアイデアを
生みだす思考法

ビジネスと空想

Ideas from Imagination

〈ショートショート作家〉
田丸雅智
Masatomo Tamaru

CROSSMEDIA PUBLISHING

そして今、イノベーションを起こすために
空想を活用する企業が増えています。

小説家であるぼくも、
多くの企業のお手伝いを
させてもらっています。
その活動にもとづいて、本書では空想、
そして物語の力をビジネスに活かす方法を
お伝えできればと思っています。

みなさん、
最初は**「空想は自分にはできない」**と言いますが、
人は誰でも空想する力を持っています。

もしも、
指でタッチするだけで操作できる
携帯電話があったなら?
もしも、オンラインの書店があったなら?
もしも、気軽に宇宙旅行ができたなら?

そんな空想から、
新たな世界が生まれています。

数多くの「**もしも**」がなければ、
きっと世界は今よりもう少し冷たくて、
不便だったことでしょう。

人々のライフスタイルが多様化し、
物事の変化や進歩が速くなっている今の時代。
新しい商品やサービスを生みだすためには、
ロジカルに現実から
積み上げて考える方法だけでは
通用しづらくなっています。

そこで注目されているのが、
空想です。

なぜなら、常識を超えたアイデアで
新たなビジネスを生みだす人は、
必ずと言っていいほど空想をしているからです。

「荒唐無稽な物語の中にこそ、
未来を切り拓くヒントがある」

ぼくはこの10年間、
小説を書いてもらう講座を学校や図書館、
少年院などで多数開催させてもらい、
数え切れないほどの
空想を目の当たりにしてきました。

この経験から、
空想は誰でもできると
確信しています。

本書が、
みなさんのビジネスや生活の
新しいヒントになれば幸いです。

はじめに

こんにちは、田丸雅智《たまるまさとも》です。ぼくはふだん、ショートショートと呼ばれる短くて不思議な物語に特化した小説家「ショートショート作家」として活動しています。

ここで最初に、多くの方がこんな疑問を抱かれるのではないかと思います。

小説家が、なぜビジネス書を？

それには、ぼくが執筆活動と並行して全国各地で開催しているショートショートの書き方講座が関係しています。講座は90分ほどの時間内でアイデア出しから作品完成、発表までを行うというもので、メソッドに従って進めていけば誰でもショートショートが書けるようになっているのですが、参加者はのべ2万人以上。年齢も小学一年生くらいからシニアまでと幅広く、少年院などでも開催していたりします。

その講座の内容を企業向けにアレンジして開催しているワークショップ。

それが、「**ショートショート発想法**」です。

このワークショップは「荒唐無稽な物語の中にこそ、未来を切り拓くヒントがある」という仮説のもと、社員のみなさんに実際に自社や自社の業務領域にまつわるショートショートを執筆していただき、完成した作品を田丸も交えて読み解くことで新しい商品やサービスのアイデアを考えるというものです。

これまで自動車メーカー、日用品メーカー、化粧品メーカー、飲料メーカー、ＩＴ企業、コンサルティング企業など、大手を中心にさまざまな業種の企業で多数開催させてもらってきており、参加者の方も広報部門から企画部門、研究開発部門までじつに多様。年齢も若手から管理職、ベテラン、経営層と多岐にわたります。

ワークショップに参加してくださった方々からは、「**自分からこんなアイデアが出てくるなんてと、衝撃を受けた**」「**参加した社員から本当に新しいアイデアが次々と生まれてワクワクした**」「**受講後に、社員からアイデアが日常的にあがってくるようになった**」など、ありがたいお声を多数いただいています。

そんな、新しい商品やサービスを考える企業向けワークショップ「ショートショート発想法」の内容の詳細をご紹介するのが本書の趣旨で、読み進めながらすぐに実践いただけるようにもなっています。

ところで、みなさんは「空想」や「妄想」と聞けば、どんなイメージを抱くでしょうか？

役に立たないもの、意味のないもの、現実逃避に過ぎないもの……一般的にはネガティブなイメージがまだまだ先行しているのではないかと思います。

ぼく自身、子供の頃、思いついた空想や妄想をぽろっと口にして、「天然」「変な人」「宇宙人」などとよく言われたものでした。

そして、こういうことは言ってはいけないのだなと思いこむようになり、周りと同じであることを求める同調圧力のような雰囲気も相まって、おのずと人前では口にしなくなりました。

今でこそぼくは仕事柄どんどん外にも出せるようになりましたが、みなさんご自身やみなさんの周り、特にビジネスの現場においてはどうでしょうか。

空想や妄想をネガティブにとらえるような雰囲気はないでしょうか。

その点、**本書ではまさにそんな空想や妄想こそビジネスシーンで重要だという考えのもと話が進みます。**新しい商品やサービスなど、イノベーションを生みだすために欠かせないのが空想や妄想だという考えです。

ここに、アイデアが重視されるショートショートを生業にしているぼくが役立てるであろうひとつ目の理由があり、みなさんにも大いに空想や妄想を行っていただきたいと思っています。

その一方で、逆にもともとビジネスシーンでの空想や妄想に対してポジティブなイメージを抱いていた方は、こう思われるかもしれません。それらは限られた特別な人のみができるもので、自分には関係のないもの、できないものだ、と。

それについてのぼくの考えは、こうです。

空想や妄想は誰でも行っていいものであり、できるもの。そして、ほかでもないあなた個人の空想や妄想の中にも、世界を変える新しい商品やサービスのアイデアが眠っている可能性は十分にある、と。

ただ、そうは言っても空想や妄想の水準にはばらつきがあり、実際には玉石混交となるはずです。かつ、筋はいいけれどまだまだ磨く余地があるというたぐいのものも多く混ざってくるはずです。この点について、ぼくは空想や妄想のポテンシャルを見極めたり、さらに強化したりするために活用できるものがあると考えています。

それが**物語の力**であり、ここに物語を生業にする自分が役立てるであろう2つ目の理由があります。

空想や妄想は物語になることで形が生まれ、客観的に評価しやすくなります。また、口頭で伝えるだけのときよりも人に伝わりやすくなったり意見や感想を言いやすくなったりし、その周囲の反応をフィードバックすることで考えをより強化させることもできます。加えて、**物語になることで現実に還元できるビジネスのアイデアを抽出しやすくもなっていきます。**

本書では、これら「空想や妄想をすること」「それを物語にすること」「物語からアイデアを抽出すること」のさらなる意義や具体的な実践法を、みなさんにもショートショートを執筆していただきながらお伝えしていければと思います。

でも、小説なんて本当に書けるの？

そう思う気持ちもごもっとも。ですが、ご用意したメソッドに従えばまったくもって大丈夫です。実際のふだんの書き方講座や企業向けのワークショップでも創作経験者はもちろんのこと、日頃は読書や作文が苦手だという方も途中からは筆が止まらなくなり、最後は自動筆記のような状態でユニークな作品を完成させてくれています。

ちなみに、じつは**ぼく自身、特に小学生の頃は読書も作文も国語も苦手で、自分が物書きになるなどとは夢にも思っていませんでした。**

そんなぼくがショートショートとの出会いをきっかけに今ではプロの小説家となり、ありがたいことに賞をいただいたり、たとえば文部科学省が全国の約１００万人の中学３年生全員を対象に実施した「２０２２年度　全国学力・学習状況調査（全国学力テスト）」などの試験問題に多く採用いただいたり、さらに２０２１年度からは中学１年生の国語教科書（教育出版）に小説作品を掲載いただいたりするようになりました。

ともあれ、本書でご紹介するメソッドにはかつて苦手だった頃の自分の経験も反映しており、苦手な方でも段階を踏んでいけば作品が書けるようになっています。

また、小説を書くとなると、ちゃんとしたものを書かねばと肩ひじを張ったり、暗黙のルールがあるんじゃないかと警戒したり、漢字や表現を間違えたらどうしようと不安になったりしてしまうかと思いますが、これらに関しても何も気にせずＯＫですので、どうか安心してください。

そもそも本来、書き方に正解などは存在しません。感じるままに、誰でも自由に表現していいのです。

特にビジネスパーソンは企画書やメールの作成などで書くことの基礎ができている方が多い一方で、日頃のワークショップでも見え方などを気にし、自分でブレーキを踏みながら書かれている方が少なくないような印象があります。

もちろん見え方もとても大切ではありますが、本書ではまずはいったん忘れ、自分がどうしたいかという衝動ベースでとにかく自由に取り組んでいただければうれしいです。

ここで、この本の構成を。本書は次のような流れで進んでいきます。

第1章では、空想の素晴らしさやそのビジネスシーンでの応用可能性についてお伝えしていきます。また、ショートショートというものについてご紹介しつつ、理系の道から創作の道へと進んだ田丸の来歴や、ショートショートを書くことで得られるものなどについてもお伝えします。

第2章では、ぼく自身の経験をもとに、空想する力やアイデアを考える力を高め、それらをサステナブル（持続可能的）に生みだしていくための考え方についてお伝えします。

第3章では、ワークショップ「ショートショート発想法」の第1部、自社や自社の業務領域にまつわるショートショートを書くという「執筆パート」について、具体例を交えながらメソッドの詳細をお伝えします。

第4章では、「ショートショート発想法」の第2部、完成した物語からビジネスシーンで活用できそうなアイデアを探るという「読み解きパート」についてお伝えします。

第5章では、ワークショップの振り返りや補足に加え、田丸が取り組んでいる企業向けのその他の活動についてもお伝えします。

第6章では、本書の刊行にあたって行った経営学者の入山章栄《いりやまあきえ》さんとの対談を収録します。

さて、最後にもうひとつお伝えしたいのが、楽しんでくださいということです。

楽しむことで筆は進み、アイデアも出てきやすくなるというのがぼくの信条ですので、本書においてもぜひ楽しむことを大切にしていただければと思います。

それでは、前置きはこれくらいにしておいて。

空想の世界へ、ともに足を踏み入れていきましょう！

※なお、本書ではここから先、空想と妄想などを「空想」という言葉で統一しています。

［ビジネスと空想 目次］

第2章 プロの小説家は、いかにして空想やアイデアを生みだしているのか？

第3章 【ワークショップ】「ショートショート発想法」～執筆パート～

第4章 【ワークショップ】「ショートショート発想法」～読み解きパート～

第5章 ショートショートをさらに活用するために

第6章 【特別対談】全員に反対されるアイデアから、イノベーションは生まれる 田丸雅智×入山章栄

第1章 誰にでも空想する力がある

この章では、空想の素晴らしさやそのビジネスシーンでの応用可能性についてお伝えしていきます。また、そもそもショートショートとはどんなものかということにも触れながら、かつては読むのも書くのも苦手だった自分がプロの作家になった背景や、そのショートショートを書くことで得られるものなどについてもお伝えできればと思います。

idea

あなたの空想が世界を変える

本書を手に取ってくださった方は、日頃から新しい商品やサービスを考える仕事をしているという方から、これから何かを考えてみたいと思っているという方までさまざまかと思いますが、あなたは新しいアイデアを次々と生みだすことができているでしょうか。

あるいは、難しいなと感じたり、行き詰まりを感じたり、どこから手を付けていいか分からずに途方に暮れたりしているでしょうか。

いずれにしても、個人的な印象では今の日本のビジネスパーソンには後者のような方が少なくないように感じています。イノベーションが強く求められるようになっている昨今においてはなおさらで、実際にぼくも企業からアイデアにまつわるお悩みのご相談を多くいただきます。

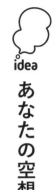

ところで、今はない新しい商品やサービスを考えるときによく参照されるもののひとつが、シンクタンクなどが発行している未来予測レポートではないかと思います。

未来予測レポートは現在からフォアキャスト的に積み上げて考えられたものであることが一般的で、短期的にはその通りの未来が訪れる可能性が高く、手堅くアイデアを考えるためにはある程度有効だろうと思われます。

一方、現在からの積み上げであるため描かれる未来像自体が似たようなものになりがちで、そこから生まれるアイデアの飛躍も弱くなり、既視感のあるものになる可能性が決して低くありません。

この点、イノベーションを起こすためにはアイデアを考えるだけでなく実行することも極めて重要である事実を踏まえると、アイデアに既視感があるからといってイノベーションを起こせないということでは必ずしもありません。

それでも、既視感のあるアイデアはすでに実現されていたり研究開発中であったりする可能性が高く、優位性を持ちづらくなる傾向はあるはずです。

また、イノベーションには現在から積み上げた延長線上にはない常識を打ち破るようなアイデアが関わっているケースが多く、そのようなアイデアを未来予測レポートから生みだすのは困難だと言わざるを得ません。

では、その常識を打ち破るようなアイデアはどうやって生みだされるか。

ぼくは、個人の空想が重要な鍵を握るのではないかと考えています。

実際に、たとえばスティーブ・ジョブズ氏によるiPhoneや、ジェフ・ベゾス氏によるAmazon、イーロン・マスク氏によるスペースXなどは、それぞれの人物の空想から生まれたものです。そんなように、**世界を変える新しい商品やサービスのアイデアは個人の空想の中に眠っている**はずなのです。

にもかかわらず、空想を重要なものとしてとらえる考え方は、まだまだ一般的には浸透していないように感じています。特に日本においては人と同じであることを求める同調圧力のようなものも根強くあり、空想をネガティブにとらえ、ないがしろにしているような印象をどうしても受けてしまいます。

じつはぼく自身も子供の頃、思いついた空想話をぽろっと口にし、「天然」「変な人」「宇宙人」などと言われたことがありました。

そして、「ああ、こういうのは人前で言っちゃいけないんだな」と思いこむようになり、おのずと人前では口にしなくなりました。今でこそぼくは仕事柄どんどん外に出せるようにはなりましたが、かつての自分のように心の奥にしまい、そのまま蓋をしてしまった方も少なくないのではないでしょうか。

もちろんコミュニケーションを行う上ではTPOも大事であって、思いついたことを何でもかんでも口にすればいいというわけではありませんが、もっと人と違う個人的な空想をおもしろがったり受け入れたりする雰囲気が広まればいいなと思っています。

その点、ビジネスの現場においてはどうでしょうか。

空想は意味のないこと、無駄なこと、変なこと、などといったネガティブな雰囲気はないでしょうか。

その結果、空気を読んで個人的な空想に蓋をしてしまったり、空想すること自体をやめてしまっていたりはしないでしょうか。

ぼくは、**ビジネスシーンにおいても個人がもっと空想していくべき**で、その個人の空想という資産が宝の持ち腐れにならないよう、さらにスポットライトを当てていくべきだと考えています。

そして、一見すると荒唐無稽に思えるようなことも日常的に遠慮なく口にできたり、それを受けてみんなでワイワイ話し合ってさらに膨らませようとしたりする雰囲気ができていけば、イノベーションを生みだすための土壌もおのずと整っていくのではないかと思っています。

いやいや、iPhoneはジョブズ氏という天才だからこそ思いつけたものなのであって、いちビジネスパーソンが空想したところで大したことにはならないのでは？

そう思われる方もいらっしゃるかもしれません。たしかにすべての個人の空想が世界を変えられるほどのものかと言えば難しく、実際のところは玉石混交になるはずです。が、素晴らしいものも中には必ず潜んでいると考えており、その考えは企業でのワークショップを通じて数々の素敵な空想と出会うなかで確信へと変わっています。

また、たとえ最初のうちは空想の水準にばらつきがあったとしても、日常的に空想を繰り返し、周囲の人たちと互いに刺激を与えあうことで、空想の精度は確実に上がっていくとも考えています。


空想は、特別な人だけに許されたものでは決してありません。


誰が行ってもいいものであり、無論、あなたも空想していいのです。

そしてその結果、本当に世界が変わるかもしれません。

そんなバカなで終わらせる前に、まずはぜひ空想するところからはじめてみていただきたいです。

idea

常識のヘルメットを外そう

空想しようと言われても、自分は頭が固いから……。そう思われる方もいらっしゃるかもしれません。

じつは、日頃の講座で大人の方からよく聞かれるのが「子供のほうが頭は柔らかいですよね」ということです。ニュアンスは、純粋な質問に近いものから大人になった自分を卑下するようなものまでさまざまなのですが、ぼくはいつも確信を持ってこう答えます。

頭の柔らかさは、基本的には大人も子供も同じです、と。ただ、周りを見渡してみると、実際に大人は頭が固いと感じる場面は少なくないのではないかと思います。その現象について、ぼくはよくこんな表現で説明をしています。

大人は常識やルールや思いこみのヘルメットをつけていることが多く、そのために頭が固く見えるんです、と。

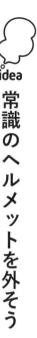

では、その「常識のヘルメット」をどうやって外すかというと、後述するぼくのショートショートの書き方講座やワークショップにおけるひとつは誰でも取り組めるメソッドの力を活用することです。

加えて、時間制限がある中で書いてもらうということや、さらには集まったみなさんとの場の力、そして微力ながらぼくも少しだけお手伝いさせていただくことで、半ば強制的にヘルメットを外していただくわけです。

すると、大人でも子供と同じような柔らかい頭が現れるのです。

そうして頭が柔らかい状態になったなら、次に空想やアイデア発想、創作において効いてくる要素はいったい何か。

それは**経験**や**知識**や**教養**だと考えています。

これについては、個人差はありつつ大人のほうが明らかに有利ですよね。たとえ読書に親しんでいる方でなくとも、大人であれば基本的には人生で得たものを大なり小なりお持ちです。

もちろん子供たちの生みだすものも尊く、おもしろいものもたくさんありますが、**ヘルメットさえ外せれば、おもしろいものを生みだせる可能性は大人のほうが高いのです**。ですので、頭が固いという理由で思考を停止させず、本来はできるはずだと自信を持って常識のヘルメットを外す方法を探りつづけていただきたいです。

ちなみに、小学校などでの子供向けの書き方講座の中でも常識のヘルメットがあるために「頭が固いように見える状態」の方はごくふつうに見かけます。

また、ぼくはふだん少年院でも書き方講座を開催しているのですが、その少年たちのもっとも多い反応がワークに取り組む前からの「できません」「分かりません」です。きっと家庭や学校、社会などでのことが背景にあって強固なヘルメットをつけることになったのだろうなと思いつつ、そういった方に強くお伝えするのは、大丈夫なのでどうか安心してくださいということです。

そして、考えてくださったものについては「いいですねぇ！」と心の底からお伝えします。すると、「こんなのでいいんですか……？」と初めは不安そうにしていた少年たちも、やがては決まって「できるかもしれない！」と目を見開く瞬間が訪れて、筆が一気に走りはじめ、最後は完成作品を前に達成感に包まれた素敵な表情を見せてくれます。常識のヘルメットが外れる瞬間は、立ち会う側としてもいつも格別なものがあります。

それから、もうひとつお伝えしたいのが、そもそも日本人は「空想ネイティブ」なのだという事実にも自信を持っていただきたいということです。マンガやアニメ、ゲームなど、日本人は基本的に幼少期から空想が身近にある環境で育つ、いわば空想の英才教育を受けているネイティブなのです。

ただ、その本来は身についていることが、同調圧力も相まってどんどん外に出ないようになっていき、やがてはなかったことのようになってしまう。それはあまりにもったいないと思います。

みなさんも、じつは頭が柔らかいだけではなく、空想ネイティブ。

そのことを決して忘れないでいただきたいです。

idea 空想力は、日常の景色を大きく変える

当たり前に空想できるようになると、いったいどんなことが起こるのか。そのことについてもお伝えできればと思います。

まずひとつは、**日常の見え方が大きく変わる**ということです。

たとえば、目の前にマグカップに入ったコーヒーがあるとします。常識的にはそれはどこまで行っても「マグカップ」、もしくは「コーヒー」であり、その事実をもってして話は終わりかと思います。ですが、空想ができるようになった視点で同じものを目にすると、こんな考えが自然と頭をよぎるようになります。たとえば、

「覗きこんだコーヒーに、別の世界が映っていたら？」
「コーヒーの表面からサメの背ビレが出てきたら？」
「マドラーで混ぜてできた渦が大きくなって、自分も巻き込まれたら？」

単視点・一層と多視点・重層

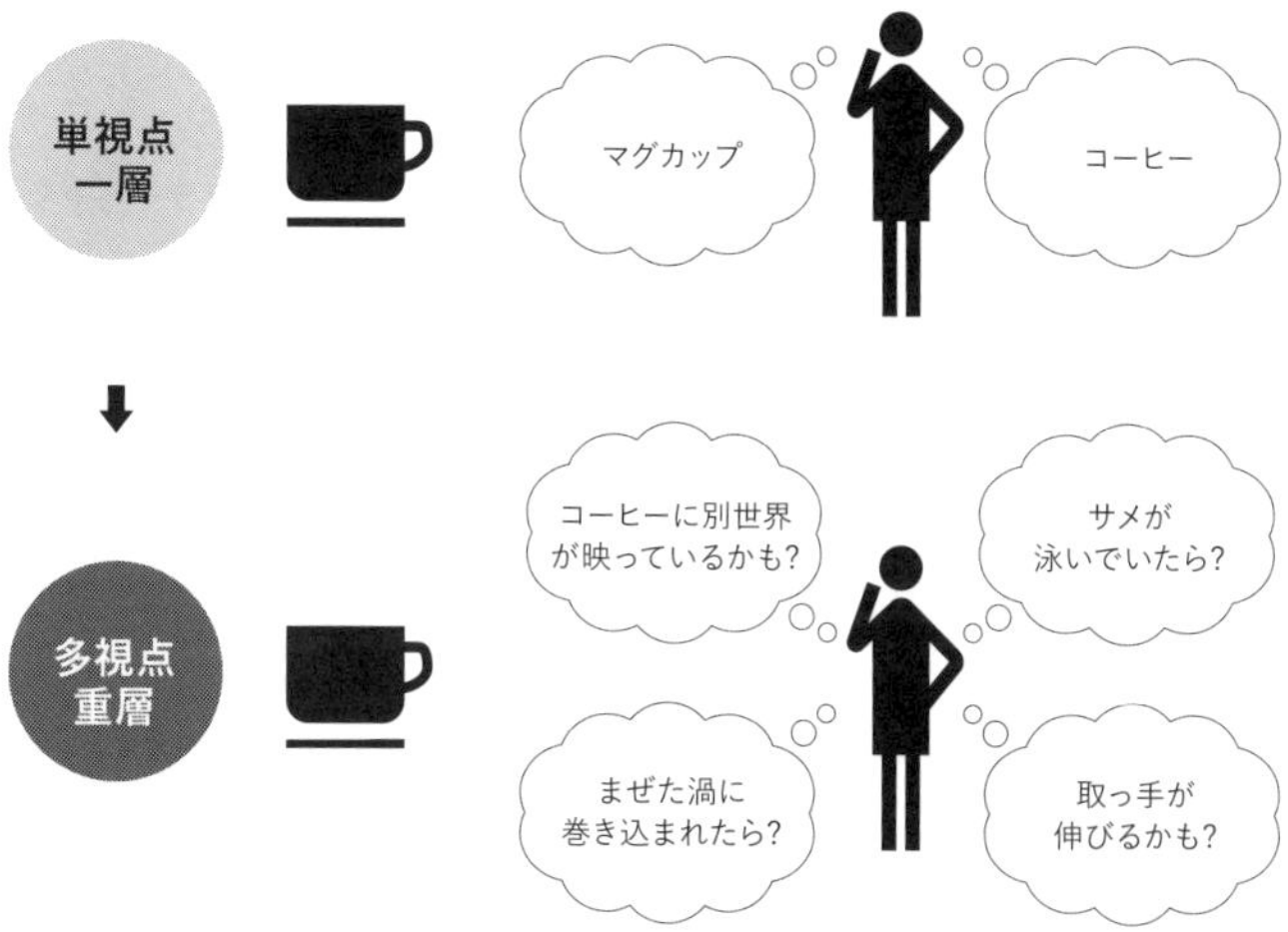
単視点
一層
マグカップ
コーヒー
多視点
重層
コーヒーに別世界
が映っているかも?
サメが
泳いでいたら?
まぜた渦に
巻き込まれたら?
取っ手が
伸びるかも?

「マグカップの取っ手がびよんと伸びたら？」

などといった具合です。

これらを「空想、妄想だ」で終わらせるのは簡単ですが、まずは楽しくないでしょうか、といつもお伝えしています。

空想の力によって、ありふれていたはずのもの、見慣れていたはずのものがまったく別のものに見えはじめ、世界が輝きはじめるのです。

そして、ただ楽しいというだけではありません。

このことは、**物事を単視点ではなくいろいろな切り口から多視点で見る力**にもつながっていきます。別の言い方をすれば、一層しかないと思いこんでいたものが、じつはいくつもの層を持つポテンシャルにあふれたものなのだと気がつけるようになっていきます。

その力は創作する上で役立つのはもちろんのこと、ビジネスシーンで新しいアイデアを考える際にも役立つはずだと考えています。

もうひとつ、空想力はより生きやすい社会の実現にも一役買うのではないかと考えています。相手を多視点で見られるということは、**相手のいろいろな事情や背景などに思いを馳せられる**ことにつながり得るからです。

それはちょっとした優しさへとつながっていき、ひいては多様性を認め、むしろおもしろがれるような社会へとつながっていくのではないかと思っています。

さらに空想力を自分に向けて発揮すれば、自身の未来を積極的に切り拓いていけるようにもなると考えています。

今の肩書や役職などにとらわれず、自分自身を重層的に見ながら「こうなったらどうだろう?」「ああなったらどうだろう?」とあれやこれやと思いを馳せて、実行していく。

その先に、新しい自分が待っている。

そんなふうに思っています。空想力は、さまざまな面で明るい未来をたぐり寄せていくために、とても重宝する力なのだと言えるのです。

idea 空想を言語化する理由

空想は、まずは頭の中に漠然と湧きおこるものかと思いますが、頭の中でとどめずに積極的に言語化していくことをぼくは大切にしています。

理由のひとつは、**言葉を介して考えを人に伝えやすくなる**ためです。そうして自分の空想に共感してくれる人が現れれば手応えをつかめたり、その人たちと一緒に動くことでその空想が現実になる可能性が高まったりするはずで、逆に共感を得られなかった場合には改めて自分の空想を練り直すこともできます。

また、**言語化することでその空想を客観的に眺められるようになる**というのも理由です。なんとなくよさそうに思っていた空想も、いざ引いた目線で見てみると意外とそうでもなかったり粗《あら》が見つかったりするものですが、言語化によってその確認が容易になります。あるいは、客観的に見た結果、やはりよいなとたしかめられれば、確信を深めることもできます。

その点、**言語化は思考や行動のひとつの基準点をつくることができる**という意味でも、ぼくは有用だと思っています。

少し話はそれますが、何事においてもいわゆる天才タイプのような人の中にはわざわざ言語化しなくても何となくの感覚だけでできてしまう人も少なくなく、考えていることや感じていることをあまり言語化していなかったりします。

もちろん、そのままでずっといければいいのですが、そういった方は壁にぶつかったときに意外なほどもろく、大崩れしてしまうような印象が個人的にはあります。感覚だけの場合は、ぶつかったときに立ち返る基準点が曖昧で、自分を見失ってしまう可能性が決して低くはないからです。

一方、可能な限り言語化して基準点をつくっておけば、壁にぶつかったときにもそこに立ち返ることができます。

そして、何が原因でその壁にぶつかったのか、どうすれば乗り越えられそうか、そもそも本当に乗り越えるべきかなど、さまざまな観点から分析することができ、それをもとに修正していくことが可能になります。

基準点が間違っていたようであれば速やかに取り下げ、別の基準点を設けるべくすぐに切り替えていくこともできます。

言語化力は、修正力や切り替え力に直結するのです。

もちろん言語化がすべてではありません。が、ぼくは空想に関してもできる限り行っておくに越したことはないと思っています。

idea

空想やアイデアを物語にするということ

空想を言語化することの意義について触れましたが、ぼくはそこからさらに踏みこんで、**空想やそこから生まれたアイデアを物語にしてみることを強くオススメしています。**

その話の前に、ここで新しい商品やサービスの開発プロセスにおける「空想する」「アイデアを考える」「実現する」という要素について、この章においての意味合いと流れを次のように整理しておければと思います。

なお、実際の開発プロセスは厳密には切り分けられなかったり、さらに細かくなっていたり、会社によって異なったりするかと思いますが、ここでは簡略化しています。

また、実際は各要素を行ったり来たりすることもままあるかと思いますが、分かりやすく右から時系列順としています。

◉**空想する：**自然法則に反するような「荒唐無稽の度合い」が高いものも含め、現実を度外視して自由に考えを膨らませる。

◉**アイデアを考える：**空想をもとに、技術の発展した少し先の未来も含め、現実世界で実現でき得る新しい商品やサービスのアイデアを考える（適宜、企画書にする）。

◉**実現する：**考えたアイデアやその企画書をもとに、プロトタイプも含めて実際につくり上げる。

さて、世界を変えるアイデアは個人の空想の中に眠っている可能性が大いにあると述べましたが、個人の空想やそこから生まれたアイデアにも当然ながらデメリットはあります。

特にはじめのうちは空想の水準にばらつきがあるため、考えたものが独りよがりになっていたり粗削りだったりし、いざ実現しても不発に終わってしまうリスクが決して低くないことです。

ここに関して、「いやいや、本気でイノベーションを起こしたいと思うのなら、やってみる前からあれこれ考えずにとにかく実行するべきだ」という考え方もあろうかと思い、それはそれで大切かもしれないのですが、ぼくはリスクを減らすためにやっておいて損はないと考えています。

その理由のひとつが、日頃から周囲も交えて空想したりアイデアを考えたりを繰り返し、そもそも自分が生みだすことのできる**空想やアイデアの水準を上げておいたり、その空想やアイデアにどれくらいのポテンシャルがあるのかを見極められる力を養っておいたりする**ということです。

そしてもうひとつが、**空想したりアイデアを考えたりする段階で物語の力を活用してそれらを磨き精度を上げる**ということで、ここが本書の話題です。

この「空想を物語にする」「アイデアを物語にする」という要素を先ほどの開発プロセスに付け加えて改めて書き直すと、次のようになります。

●**空想する：**自然法則に反するような「荒唐無稽の度合い」が高いものも含め、現実を度外視して自由に考えを膨らませる。

●**空想を物語にする：**頭の中で考えている空想を物語にする。荒唐無稽でＯＫ。

●**アイデアを考える：**物語をもとに、技術の発展した少し先の未来も含め、現実世界で実現でき得る新しい商品やサービスのアイデアを考える（適宜、企画書にする）。

●**アイデアを物語にする：**考えたアイデアを物語という形でプロトタイピングする。本当に未来に広がっているかもしれない光景を描くつもりで。

●**実現する：**考えたアイデアやその企画書、そして物語をもとに、プロトタイプも含めて実際につくり上げる。

この「空想を物語にする」「アイデアを物語にする」について、それぞれのプロセスをはさむ意義は以下の通りです。

空想を物語にすることの意義

・頭の中で漠然と広がっていたものを物語という形にする過程で空想を真剣に掘り下げ、**考えを深めるきっかけ**にできる。

・書くという行為を通じて、芋づる式に**自分の中から派生的な空想を引っ張りだす**ことができる。

・物語になることで空想に形が生まれ、**客観的に眺められる**ようになる。簡単に言語化しただけの状態や口頭で伝えるだけのときよりも人に伝わりやすくなったり、共感を呼びやすくなったり、意見や感想を言いやすくなったりする。

・物語の行間にさらなる想像の余地も生まれ、それを**読んだ人の想像を喚起しやすくなり、派生の空想が生まれやすくなる。**空想が空想を呼ぶ連鎖によって、アイデアを抽出するためのヒントが増える。など

アイデアを物語にすることの意義

・物語という形にする過程で細部を詰めたり、デメリットも含めた現実世界に及ぼし得る影響について多視点で考えたりすることで、**アイデアの強度を高めることができる。**

・物語という形で**プロトタイピング**することで、コストをかけずにそのアイデアの持つ可能性をシミュレーションでき、実現に向けて動く前により踏みこんだ議論ができる。

・物語になることでアイデアに形が生まれ、**客観的に眺められる**ようになる。引いた目線で改めて検討することで思わぬ負の面に気づいたり、当初は想定していなかったよい面に気づいたりしやすくなる。

・物語になることで**読んだ人がアイデアの実現した未来の姿をリアルに想像でき**

るようになり、簡単に言語化しただけの状態や口頭で伝えるだけのときよりも人に伝わりやすくなったり、共感を呼びやすくなったり、意見や感想を言いやすくなったりする。

「そうか、考えてみるとこのアイデアによってそういう変化が社会に生まれる可能性があるのか」「いや、この物語ではこうなったけど、実際はこういうことも起こるんじゃないか?」「実現したらうれしいけれど、この側面だけは個人的にはなんだか怖い……」などといった形で活発な議論が起こり、アイデアの強度を高められたり、よりよいアイデアを見つけやすくなったりする。

- 物語の行間にさらなる想像の余地も生まれ、それを読んだ人の想像を喚起しやすくなり、**よりよいアイデアや派生のアイデアが連鎖的に生まれやすくなる。**

など

以上です。

これら「空想を物語にする」と「アイデアを物語にする」という2つの物語の活用法のうち、本書でご紹介するショートショート発想法が対象とするのは主に「空想を物語にする」となります。

もう少し言うと、後述するワークショップの第1部においては「空想する」と「空想を物語にする」をほとんど合わせたような形でショートショートを執筆いただき、それをもとに第2部で「アイデアを考える」を行うところまでが全体像です。

また、「アイデアを物語にする」については本書でご紹介するメソッドをそのまま応用することが可能で、そのあたりは第4章の最後と第5章で少しだけ触れられればと思います。

なお、本書では「空想」と「アイデア（創作におけるアイデアと、ビジネスにおけるアイデア）」という言葉がたびたび出てきますが、空想とアイデアは厳密には切り分けられないものだと考えており、同じような意味合いで使用していることもあります。

空想とアイデアの関係のイメージ

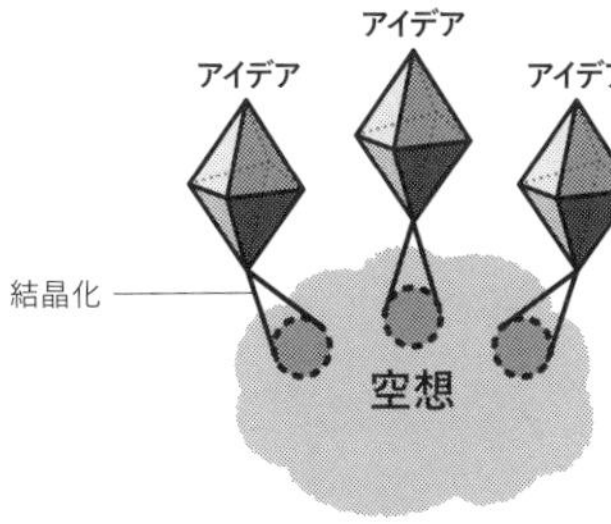

器としての物語のイメージ

その上で、空想はより広がりがあるもの、ぼんやりしたもの、変形が自由なものといったイメージで使っており、アイデアはより凝縮されたもの、鮮明なもの、ある程度の形が定まっているものといったイメージで使っています。

ちなみにぼくは、**空想とアイデアは本質的には同じもので、空想を結晶化させるとアイデアになるという感覚を持っています**（ただし、結晶と言いつつ閃光が凝集したもののようなイメージも同時にあります）。

そして、**空想の結晶化のさせ方に**

よって、ひとつの空想から異なるアイデアの結晶をいろいろと抽出することができる、というような感覚もあります。

それに加えてもうひとつ、**「物語」には空想やアイデアを受け止める「器」や「身体」のような感覚があります。**「空想とアイデアと物語の関係性」の図を次ページに記載しますので、ご参照ください。

先述の空想やアイデアを物語にすることの意義も踏まえると、これからの時代、空想やアイデアは剥きだしのまま活発にやり取りされるようになると同時に、物語、特にショートショートという器に入れて丁寧にやり取りされることも一般的になっていくのがよいのではと考えています。

空想とアイデアと物語の関係性

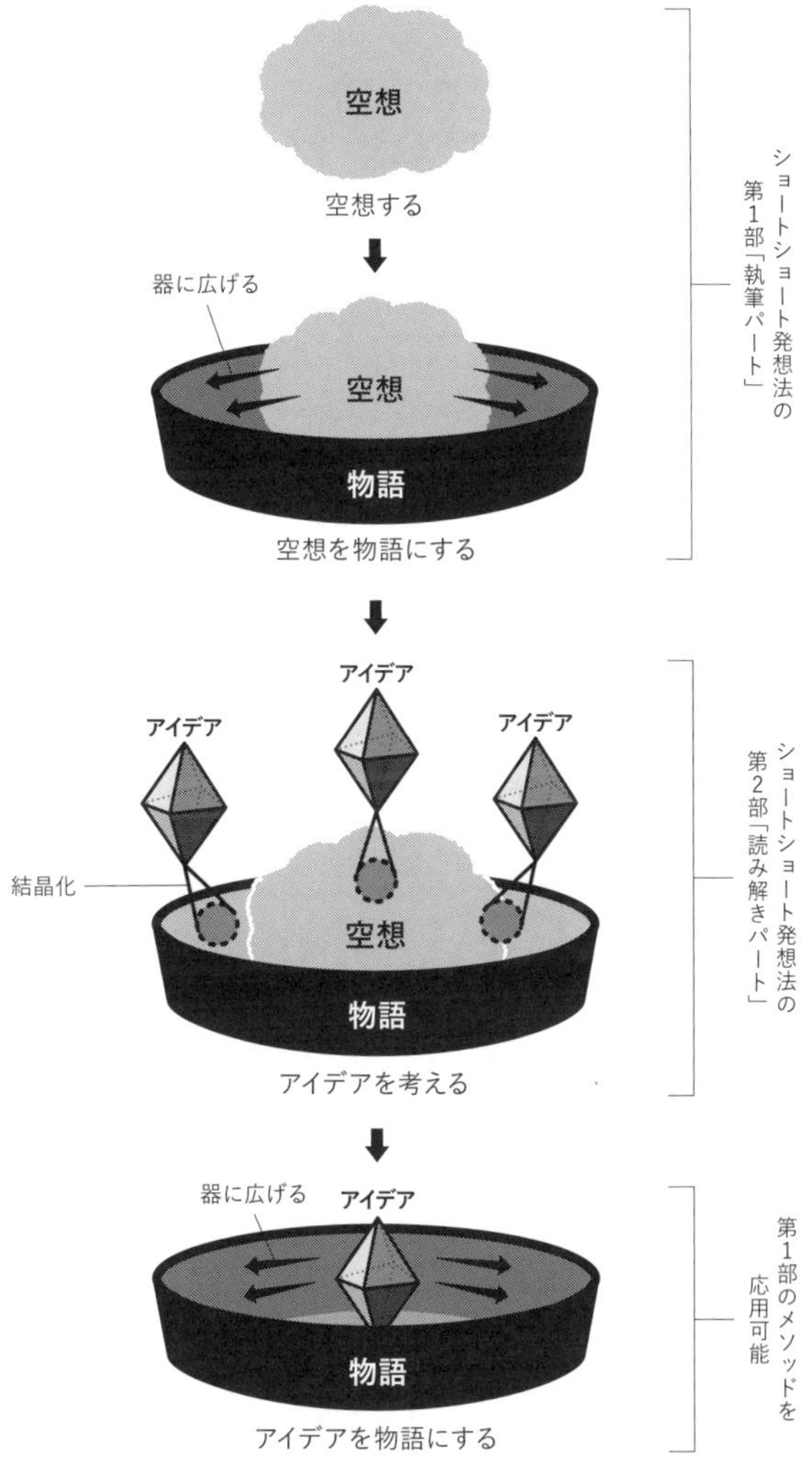

idea

ショートショートとは何か？

ところで、本書をお読みの方の中には「ショートショート」という言葉を初めて聞いたという方もいらっしゃるかと思います。

そもそも、ショートショートとはいったい何か。

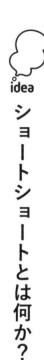

簡単に言うと「短くて不思議な物語」のこと、もっと詳しく言うと**現代ショートショートとは「アイデアと、それを活かした印象的な結末のある物語」のことです。**

1話、たったの5〜10分程度で読めてしまうにもかかわらず、一瞬で非日常の世界へつれていってくれ、そこで待つ結末に驚いたり、笑ったり、ほっこりしたり、しんみりしたり。そして、読後も長く残る余韻に加え、まるでいろいろな味の入ったドロップ缶を傾けるときのように次に出てくるお話に心が躍りはじめるのが魅力です。

同じ短い作品の中でも、ショートショートかそうでないかの基準は先述の通り、作品に何らかの新しいアイデアが含まれているかどうか、さらにはそのアイデアをうまく活用した印象に残る結末になっているかどうかになります。

アイデアを含むという特徴から不思議な物語になることが多く、そのためふだんは分かりやすさを重視して「簡単に言うと短くて不思議な物語」とお伝えすることが多いのですが、厳密にはアイデアがあれば不思議でなくとも構いません。

また、同じくアイデアを含むことからＳＦやファンタジー系の作品が多くはなりやすいのですが、本来はオールジャンルが対象となります。

ちなみに、ショートショートというと、いわゆる「オチ」に注目が集まることも多いのですが、オチは必須ではなく、あくまでオチも含んだ「アイデアを活かした印象的な結末」になっているかが重要になります。その一方で、１作品あたりの分量については じつは明確な決まりはありません。「ショートショート」というくらいなのでもちろん短いという特徴はあり、作品が成立していれば下限は何文字でもＯＫですが、守らなければならない上限の規定はありません。

その上でひとつのご参考までに、ショートショートを扱った文学賞においては、上限文字数は数千文字程度、たとえば2000字や4000字程度とされることが多いでしょうか。ただ、有名なショートショートの作品の中にはもっと長いものもふつうに存在していたりします。

ということで、ここまでショートショートとは何かについて簡単に触れてきたわけなのですが、ここから先を読み進めていただくにあたってお伝えしたいことがあります。

それは、本書においては定義のことは深く考えなくて大丈夫ということです。

理由のひとつは、特に書きはじめて最初のうちは定義を気にして縮こまっていただきたくないためです。

もうひとつが、本書では定義に忠実な作品を完成させることが目的ではなく、そこから先、ビジネスシーンで応用していくことが目的であるためです。ですので、たとえ作品を書いている途中で「これはショートショートの範疇じゃないんじゃないか?」と思ったとしても、気にせず執筆していただければうれしいです。

ともあれ、ぼくはそんなショートショートをぜひビジネスパーソンにも仕事の一環で読んでいただきたいと思っているのですが、それはひとえにショートショートにはアイデアが含まれているからです。

その、**ショートショートにおけるアイデアは、ビジネスにおけるアイデアと接点を持つことが少なくない**のです。

たとえば直接的に、ある作品に登場する架空の物やサービスを現実世界で再現しようとすることが、新たなビジネスの種につながっていくかもしれません。あるいは間接的に、作品世界に触れるうちにそこからインスパイヤされて別の何かを思いつくこともあるかもしれません。

こんな、ビジネスシーンでも宝の山のようなショートショートを、まずは気軽に読んでみていただきたいと思っています。そして、本書では読むものとしてだけではなく、書くものとしてもオススメしたいと思っています。

idea 物語化にあたり、なぜショートショートという形式がオススメなのか？

空想やアイデアを物語にすることの意義については先述しましたが、なぜ物語にするときに長編小説などの長い小説形式ではなく、ショートショートという形式をオススメするのかについても書いておければと思います。

まず、そもそもショートショートがアイデアを、特にワンアイデアを重視する形式であることが理由のひとつです。裏を返せば**ショートショートはひとつのアイデアを物語として展開させるよい器となってくれる形式**だということで、ビジネスにおける空想やアイデアを物語にするときにもそれらをうまく受け止める器となってくれると考えています（逆に、ショートショートはたくさんのアイデアをあれこれ詰め込むには不向きの形式です）。

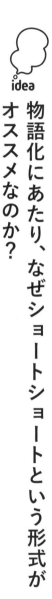

次に、ショートショートは短いがゆえに、執筆に要する時間もおのずと短いということも理由です。着想から作品完成まで一時間かからないこともあるほどですが、気軽に書けるということは空想やアイデアがもたらす未来像を思考実験的にたくさん描けることを意味します。長い小説形式では当然ながらそうはいかず、執筆に多くの時間がかかってしまいます。

もちろん、長い小説形式の場合は空想やアイデアがもたらす影響について幅広く緻密に描くことができたり、派生的な影響も考察できたりし得るのですが、その空想やアイデアがそもそも現実世界で物になりそうか未知数の中では、長い小説を時間をかけて描くことの意義がどれだけあるかは疑問です。

無論、作品としては尊いのですが、もしも前提になっている空想やアイデアが執筆途中や執筆後に揺らいだ場合はそこに立脚した物語のすべてが根本から揺らいでしまうわけですので、ことビジネスシーンで活用するとなるととても現実的ではありません。

その点、どんどん試せるショートショートはうってつけです。

また、**できた物語を誰かと共有するときに、短いことは大きな利点です。**特に忙しいビジネスパーソンにとっては物語を読む時間もなかなかとりづらくどうしても腰が重たくなってしまう中、ショートショートならば電車の待ち時間や休み時間、寝る前の時間など、ちょっとしたすきま時間ですぐに読め、たとえば会議の冒頭にいきなり配ってその場でさっと読んでもらうことさえ可能です。

それから、ショートショートは省略の文学であり、ゆえに読み手の想像を喚起しやすい形式であることもオススメする理由です。

ショートショートには適度に想像の余地があるため、読み手がインスパイヤされ、物語の中には直接描かれていないようなことを思いつくことがよくあるのです。この想像の連鎖がビジネスシーンでも起こることによって、よりよい空想やアイデア、派生の空想やアイデアが生まれる可能性は高まるはずです。

さらには、ショートショートがオールジャンルを対象とした小説形式であることも、創作に慣れていない方の心理的ハードルを下げる上でうまく機能してくれるのではないかと思っています。

ショートショートは性質上不思議なものになりやすく、その意味ではいわゆる広義のSF（「少し（S）不思議（F）」のSF）だという見方もあり、また、本書を通じて書いていただく物語も未来の話が多くなるためSF的にはなりやすいのですが、たとえば探偵の出てくるようなミステリーになっていたり、化け物の出てくるようなホラーになっていたり、魔法使いの出てくるようなファンタジーになっていたりと、いわゆるザ・SF的なものになっていなくともまったくもってOKです。

このことは特に「空想を物語にする」ときに機能してくれるはずであり、ジャンルを気にせず自由に書いて大丈夫なのだということが執筆に対する心理的なハードルを下げ、想像力にみずからブレーキを踏んでしまうのを避けることなどにつながっていくと考えています。

大切なのはまずは考えていることを物語にしてみるということで、そのためにショートショートの自由さは追い風になってくれると思っています（補足として、ビジネスシーンでいきなり同僚の書いた魔法のお話を読むことになったらなかなかに面食らうかとは思いますが、魔法のお話だから即ダメということでは決してなく、**本質的にはそこからいかに現実世界に活かせそうなヒントを見出すか**が重要となるという具合です）。

さて、いろいろとオススメする理由を書きましたが、最後に個人的な最大のオススメ理由を。

ショートショートの創作って、めちゃくちゃおもしろいんですよ！

本書を通じてみなさんにも、ぜひこの自由で楽しい世界に足を踏み入れていただきたいなと願っています。

idea

「読書が苦手」から創作の世界へ

ショートショートがビジネスシーンで役立ちそうなことは分かったものの、正直なところ読んだり書いたりするのは苦手……。

そんな方も少なくないのではないでしょうか。

そのことと関連し、ここで少し自分自身の話をさせていただければと思います。

ぼくはショートショートを専門に書く小説家「ショートショート作家」として活動をしているわけなのですが、いずれにしても、小説家と聞けばさぞ子供の頃から読書好きで、作文も得意で、国語の点数もよかったのだろうと多くの方が思われるのではないでしょうか。

じつのところ、**ぼくの場合はまったくそうではありませんでした。後《のち》には読書も作文も国語も好きになっていくのですが、少なくとも小学生の頃はすべてが苦手でした。**

特に読書が苦手だったのは、せっかちであることが一番の理由だったように思います。本を読んでいてもせっかちなので早く先に進みたかったり読み終わりたかったりして、飛ばしながら読んでしまうんですね。そんなことをしていては当然ながら話の筋が追えるはずもなく、結局「よく分からない」「おもしろくない」となってしまい、読書が苦手という意識を持っていました。

そんなぼくを見かねた親が、小学校高学年くらいのときにオススメしてくれたもの。それがショートショートでした。

ショートショートであれば、せっかちな自分でも飛ばし読みをしはじめる前に読み終えることができ、そして盛り込まれたアイデアやお話自体がおもしろく、衝撃を受けたのを覚えています。

ぼくはたちまちその短くて不思議な世界のとりこになって、それ以降ショートショートばかりを読みふけるようになりました。

自分でも作品を書いてみるようになったのは、高校2年生のときでした。

ふと暇を持て余して、なんとなくルーズリーフに大好きなショートショートを書いてみました。そして、何の気なしにそれを友人に見せたところ「おもしろい！」と言ってくれ、そのときぼくは当たり前の事実に初めて気がつきました。

小説って、読むだけじゃなくて、自分で書いてもいいものなんだ！　と。

それまでは誰に言われたわけでもなく、なんとなく小説は限られた人しか書いてはいけないもののように感じていて、創作活動も自分には関係のないもののようにぼんやり考えていたのですが、その思いこみが一気に外れた瞬間でした。

そうして小説を書くということが自分の人生の選択肢に入ったわけなのですが、本格的に創作をしはじめたのは大学に上がってからです。ただ、当初はプロになりたいという気持ちはまったく持っておらず、あくまで趣味の一環でした。ですが、創作をつづけていくにつれ、ぼくは書く側としてもショートショートのとりこになっていきます。

惹かれた点のひとつが、つくるということにおけるこの世界の懐の深さです。知れば知るほど、そしてやればやるほどショートショートが扱うことのできる題材やテーマの幅広さや、アイデアの自由さなどを実感し、このなんでもありの世界にいっそう心地よさを覚えるようになっていきました。

そして、たまたまはじめたショートショートの創作ではあるのですが、親しむにつれて自分という人間に、言い換えれば自分の脳に、こんなに合ったものはないと感じはじめました。

当時すでに長い小説も読む分には好きになっていたのですが、根本の部分でせっかちな自分の場合はつくる上ではひとつの作品に長期間向き合うのではなく、スピーディーに短期間で仕上げられることにこそ脳が快楽を感じるようでした。

加えて、ショートショートの場合は次々と新しいものを書いていくことになるわけですが、よく言えば好奇心旺盛、悪く言えば移り気の多い自分にとっては、いろいろなものをたくさん書けるということにやはり脳の快楽物質が出るようだと気がつきました。

長い小説と短い小説では求められる素質が違うのだと気づいたのも、この頃でした。その違いについてよくたとえに出すのが、長距離走と短距離走です。持久力が求められる前者に対し、後者では瞬発力が求められるものですが、自分という人間の脳の素質は明らかに短い小説に向いていました。

今でもときどき「長編は書かないのか？」と聞かれることがあるのですが、少なくとも現時点ではないと断言できるのは、このことに由来しています。そもそも競技が違う中で自分の脳は特にショートショートの創作に合っていて、この脳の根本が変わらない限りは長いものを書きたいとはまったく思えず、書くこともできないというわけなのです。

そんなこんなで、ぼくはショートショートを専門に書く小説家に憧れるようになっていきます。

idea

モノづくりから、お話づくりへ

作家の道に進んだ背景にはもうひとつ、学業でのことが関係しています。

ぼくは工学部卒、工学系の大学院修了の、いわゆる理系出身の作家です。理系出身の作家は少なくないはずなのですが世間的にはまだまだ馴染みがないようで、よく「理系出身で、なぜ小説家？」と聞かれます。

そもそも、なぜ理系の道に進んだのかと言いますと、祖父の影響が大きかったのだと思っています。ぼくの祖父は一人が大工、一人が造船に関する鉄工所をやっていたのですが、その関係で小さい頃から木材や金属に囲まれて過ごしていました。要はモノづくりという文脈で「生みだすこと」がとても身近な環境で育ち、工作など何かを自分でつくる遊びを昔からごくごくふつうに行っていました。

理系の道に進んだのは、そのモノづくりの延長で自然にといった感じでした。

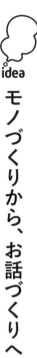

自分も将来、祖父のようなモノづくりに携わる人間になるんだろうなぁと漠然と考えていたのを覚えています。加えて、中学生くらいの頃からなんとなく宇宙への憧れを持ちはじめていたことも理系の道に進んだ一因でした。

そうして進んだ大学の工学部では、結局のところ環境・エネルギー問題を学ぶ学科を選びました。大学院では、その流れで自動車の環境負荷を減らすための素材の研究を行いました。簡単に言うとカーボンファイバー（炭素繊維）という丈夫で軽い素材で自動車をつくって燃費などを改善しようという研究の一部で、日々実験室で実験に取り組んでいたものでした。

ところが、学業でのモノづくりを通じて自然法則に触れるにつれて、そのすごさに感動する一方で、自分がプレイヤーとしてやっていくという面では息苦しさを覚えるようにもなっていきました。

モノづくりにおける「生みだす」という面にはやはり脳が快楽を感じていたのですが、現実世界で何かをつくる以上は当然ながら自然法則からは逃れられません。

物を放り投げると、それは重力の法則に従って地面に落ちます。そういった自然法則の制約をぼくの脳は不自由に感じてしまい、その面でモノづくりには最終的に快楽を感じられない部分があることに気がついたのです。

そして、たとえば物を投げたら落ちずに宙に浮き上がるような、そんな自然法則に逆らうことさえできる自由な世界で生みだすプレイヤーになりたいと強く思うようになっていきます。

おのずと行きついたのが、当時すでに親しんでいた創作です。

物語の世界には絶対的な自然法則の制約はありませんし、「こうでなければならない」という決まりもなければ、「これはやってはいけない」という制限も基本的にはありません。すべては自分の思うまま、感じるままでＯＫです。

ぼくにとっては、その自由さが救いでした。

さらには先述の通り、自分という人間にうってつけなのは物語の中でもショートショートという形式だとすでに分かっていたために、しだいにこの道に進みたいという意思が固まっていきました。

当時、ショートショートは完全に下火になっていて、デビューにつながる大きな賞もなく、決意をしたはいいものの苦しい時期も長くあったのですが、そのあたりの話は別の機会に譲るとして。

結局のところはありがたいことに少しずつさまざまなご縁が広がっていくうちに在学中に念願の作家デビューを果たし、WEBなどで活動しながら作品を書きためた、2014年3月に『夢巻』にて単行本デビューを果たすことができました。

それ以降、さまざまな場所で執筆をさせていただいて今に至ります。

はたから見ると、ぼくの経歴はきっと奇妙なものに映るのだろうとは思います。ですが、ぼくの中では根っこの部分においてまったく別の道に転換したという感覚はなく、もともとネイティブだった「生みだすこと」の範囲の中で方向が少し変わっただけ、というような感覚を持っています。

ちなみに、大学時代に学んでいた環境・エネルギーの話題や、宇宙の話題、もっと広く科学関係の話題は今でも好きで、研究者や開発者の方に憧れる気持ちも変わらずあります。

そんな中、第5章でも少し触れますが最近では企業から最先端の研究テーマをもとに作品を執筆してほしいというご依頼もいただくことが多く、とてもうれしく、やりがいを感じています。

ともあれ、モノづくりから、お話づくりへ。

ぼくの場合はショートショートという形でどんどん生みだし、微力ながら社会に貢献していきたいなぁと思っています。

idea

2万人以上が参加 ショートショートの書き方講座

短いがゆえに、書く時間も長くはかからない。

そんなショートショートの特徴を活かして、自身の執筆と並行して力を入れている活動があります。それが本書の話題にも直結するショートショートの書き方講座です。

この活動を開始したのは２０１３年。対象はひらがなが書けるようになる小学一年生くらいからシニアまでと幅広く、開催場所も小学校から大学までの学校であったり、図書館やカルチャーセンター、イベントスペースであったり。

あるいは、老人ホームや少年院、そして本書の話題である企業でも多数開催させていただいており、参加者は延べ2万人以上にのぼります。

内容はワークシートを使いながら90分ほどの時間内でアイデア発想から作品完成、発表までを行うというもので、メソッドに従って進めていけば誰でも作品が書けるようになっています。メソッドやワークシートこそあるものの、それらはあくまで補助輪で、講座の中ではすべてが自由。書いていけないことはなく、言葉を間違えても漢字が出てこなくてもまったくもって問題なし。**唯一約束してもらっているのが「楽しむこと」で、楽しみながら創作に臨んでもらっています。**

でも、誰でも書けるなんて本当に？

そう思う気持ちもごもっとも。たしかに、講座の開始直後は戸惑ったり不安そうにしたりしている方も少なくありません。

ですが、実際の講座では創作経験者はもちろんのこと、読書や作文、国語が苦手だという方も途中から筆が止まらなくなり、最後は自動筆記のような状態で、たとえば情熱が計れる温度計のお話や、甲冑の中に広がっている星空のお話など、じつにユニークな作品を完成させてくれています。

そして講座後には、「自分には絶対にできないだろうと思っていたのに、本当に書けた」「いつも文章を書くのはイヤでしょうがないのに、今日は書くのが楽しかった」

「まさか自分に小説が書けるなんて」などのありがたい感想をいただきます。

さらにその後、講座がきっかけで創作に親しむようになり文学賞を受賞したり本を出版したりした方や、講座の内容を仕事に応用しているという方もたくさんいらっしゃいます。

さて、そんな講座の中でいつもお伝えしているのが、**ショートショートの創作はさまざまな力につながる**ということです。

文章を書くので文章力は分かりやすいところですが、ほかにもショートショートではアイデアが求められるために発想力や、その膨らんだ発想をつじつまを合わせながらまとめていく論理的思考力にもつながっていきます。

さらには考えを言葉にする力や、人に伝える力などを磨くことにも役立ちますし、ほかにも書くという行為はストレス発散にもつながっていったりします。

ぼくがプロの作家志望の方以外にも、趣味としてでもショートショートの創作をオススメさせてもらっているのは、こんなことも背景にあります。

ところで、こういった活動をしていると、ときどき「自分でライバルを増やして大丈夫?」と心配いただくことがあります。ですが、むしろぼくはライバルも仲間もどんどん増えてほしいと願っています。パイは奪い合うものではなく、ともに広げ合っていくものだと考えているからです。

新しい才能にどんどん入ってきてもらい素晴らしい作品が増えることが、ショートショートのこと自体を知ってもらうきっかけになり、業界も豊かになっていく。そう信じて活動をしています。

もうひとつ、この活動が少しでも読書人口を増やすことにつながればという思いもあります。活字離れが叫ばれる昨今、読書の素晴らしさや大切さはいち書き手として、いち本好きとして、もちろん訴えつづけていかねばと思っていますが、それと同時に別の方法もどんどん試みなければという危機感も強くあります。

その点、「まずは書いてみませんか?」という提案は、じつはひとつの方法になるのではないかと思っています。

というのが、講座で書くことを経験していただくと少なからず本を読むことへの興味関心が増すようで、講座後に田丸の著作に限らず関連本を手に取ってくださる方が多いようなのです。

このことから、ぼくは執筆体験からはじまる読書というものもあるのではないかと考えています。自分の活動によって、本の世界に足を踏み入れてくださる人が少しでも増えるといいなと思っています。

ありがたいことに、講座の内容は２０２０年度から使用されている小学四年生の国語教科書（教育出版）にも採用されました。毎年その時期になると「授業でショートショートを書いた！」という声をＳＮＳなどで見かけるようになっており、今後ますますショートショートの輪が広がっていくことを願っています。

idea

多くの企業で活用されている「ショートショート発想法」

ショートショートの書き方講座の内容を企業向けに発展させて開催しているワークショップ。それが「ショートショート発想法」です。

そもそも、フィクションと現実はこれまで互いに刺激を与えながら成長しあってきました。ロボットや人工知能、ホログラムや3Dプリンターなど、小説や漫画、アニメや映画などに登場し、それがきっかけとなり実現されたという例は枚挙にいとまがなく、逆に最先端の技術や話題がもたらした刺激によって生まれた創作物も無数にあることでしょう。この、**フィクションと現実の正のスパイラルをビジネスシーンで意図的に起こし、どんどん活性化させていけたら**というのが、大きな視点でぼくの目指しているところです。

その上で、このショートショート発想法は次のような考えにもとづいています。

「荒唐無稽な物語の中にこそ、未来を切り拓くヒントがある」

この仮説のもと、2部構成で行っています。

- **第1部：執筆パート：90分程度**
- **第2部：読み解きパート：60分程度**

詳細は第3章に譲りますが、ワークショップの第1部では発想を飛ばして参加者の方に荒唐無稽なショートショートを執筆いただき、第2部では完成したみなさんの作品に潜んでいるビジネスシーンで活用できそうなアイデアを田丸も加わり一緒に探っていく、というのが全体像です。

このワークショップ「ショートショート発想法」は2017年から開始して、これまで自動車メーカー、日用品メーカー、化粧品メーカー、飲料メーカー、ＩＴ企業、コンサルティング企業など、大手を中心にさまざまな業種の企業で多数開催させてもらってきました。参加者の方も広報部門から企画部門、研究開発部門までじつに多様で、年齢も若手から管理職、ベテラン、経営層と多岐にわたります。

主な開催目的は、**自社や業界がこれからの未来を切り拓いていくためのヒントを探ること**。具体的には、ショートショートの執筆を通して常識を打ち破ったり世界の在り方を変えたりするような新しい商品やサービスのアイデアを考え、「盛り上がって楽しかった」だけでなく、実現に向けて企画に落としこんだり開発につなげていったりすることです。

ちなみに、ワークショップに参加してくださった方々からは、次のような声をいただいています。

・**自分からこんなアイデアが出てくるなんてと、衝撃を受けました。**

・参加した社員から本当に新しいアイデアが次々と生まれてワクワクしました。
・一緒に働いている人がこんなことを考えていたのかと知って、驚きました。
・受講後に、社員からアイデアが日常的にあがってくるようになりました。
・創作を通じてふだん話さない別部署の人とも交流ができ、社内のコミュニケーションが活性化しました。

現在、ワークショップ後に進行しているプロジェクトは複数あり、そう遠くない未来、ワークショップで生まれた物語から現実に新商品や新サービスなどが誕生するのを楽しみにしているところです。

idea

ショートショートで常識やルール、思いこみを打ち破る

この章の最後に、ショートショートを書くことで起こる変化についてさらにお伝えできればと思います。

「常識のヘルメット」についてはこの章の冒頭で述べましたが、書くことを通じてそのヘルメットが日常的に外れるようになり、あらゆるシーンで常識やルールや思いこみにとらわれず、どんどん打ち破れるようになっていくというのがそれです。

ぼく自身、ショートショートに親しむようになって、いかに自分が常識やルール、思いこみにとらわれているかを実感しています。

たとえば、自分で創作をしているときやほかの方の作品に触れたときに「これも書いてよかったのか！」「こんなものも題材になるのか！」という発見は今でもよくあり、

日々、新しく下から現れるヘルメットが外れています。**書けば書くほど、読めば読むほど、想像できる領域もますます広がり、よりとらわれづらくなっているように感じています。**

とらわれないようにという姿勢は作品の執筆面を飛びだして、活動面でも役立っています。たとえば、ぼくがデビューした10年ほど前までは「ショートショートは売れない」「ショートショートだけではやっていけない」というのが出版業界の常識で、ぼく自身もそういったことを何度も言われたものでした。

ときには「ショートショートだけをやっているうちは作家として半人前だ」などとも言われ、正直なところ落ちこむ気持ちもありましたが、同時にそれらの考え方の根拠が腑に落ちず、「本当にそうだろうか？」という思いが常にありました。

そして、自分なりの根拠を持って活動をつづけるうちに最終的に突破口を開くことができ、今に至ります。

書き方講座をはじめたときも、「未熟な若手の立場で教えるなんて」という向きもあり、自分でも不遜ではないかと悩んだこともありました。が、若手のうちから広める活動をしていかないと業界が立ち行かなくなるとフラットに考えることができ、実行しつづけてこられました。

その書き方講座は「小説家は小説を書くことだけが仕事」という思いこみにとらわれていたら生まれなかったはずですし、企業向けに開催させてもらえるようになることもなければ、本書が誕生することもなかったでしょう（もちろん、小説を書くことだけに専念する方を否定しているのではなく、そうではない作家の在り方もあり得るのではないかという考えです）。

あるいは、かつての自分は「文学賞はどこかの誰かがつくるもの」と甘えも混じって勝手に思いこんでいましたが、「もしかして、賞は自分がつくってもいいものなのではないか」「むしろ、ショートショートの大きな賞がないならば、恵まれてきた自分が率先して立ち上げねばならないのでは？」と考えることができ、2015年〜

2018年までつづいた「ショートショート大賞」という賞を立ち上げるに至りました。

この賞を立ち上げるときも、「文学賞は主催となる出版社に最初に働きかけるもの」という考えを疑い、ぼくは現場の書店さん、書店員さんのお力を借りたいと最初に大手書店のトップにプレゼンしに行き、賞が立ち上がったときには協力していただけないかとお願いをしました。

そのあとで出版社に持ちこみ立ち上がったこの賞の第1回の応募数は7817作品にものぼり、文学賞では2000〜3000作ほどの応募数でもかなり多いという印象がある中で、心底ありがたいと思うと同時にとらわれずに動いて本当によかったなと思いました。

そのほか、日々の生活の中でも「これは自分で重要だと思いこんでいるだけでは?」「この決まりごとは本当に大事なのか?」「これは今の時代に合わせてアップデートしなくてもいいのか?」というように、**良い意味で疑う視点を以前よりも持てるようになりました。**

そして、そのつど検討し、もしそれが不要なヘルメットだと判断すれば外してしまい、やはり必要なものだと判断すれば改めて大切にするようにしています。
変化についてもうひとつ、ショートショートに親しむようになってさまざまな視点、考え方をまずはおもしろがって受け入れられるようにもなりました。

常識やルールや思いこみにとらわれず、多視点で考える。

そんな姿勢はきっとビジネス現場でも大切になるはずで、新しいものを生みだしていくための素地となってくれるのではないかと思います。

というわけで改めて、ようこそ創作の世界へ。
楽しみながら、一緒に進んでいきましょう！

第2章 プロの小説家は、いかにして空想やアイデアを生みだしているのか？

この章ではぼく自身の経験をもとに、空想する力やアイデアを考える力を高め、それらをサステナブル（持続可能的）に生みだしていくための考え方についてお伝えできればと思います。

なお、この章ではアイデアの話題が中心となりますが、空想についても基本的には同じことが言えると考えています。そのため、この先「アイデア」という言葉を「空想」という言葉と同じような意味としてとらえていただきながら、必要に応じて頭の中で言葉を入れ替えていただければ幸いです。

idea アイデアはサステナブルに生みだせる

アイデアに対する考え方はさまざまあろうかと思いますが、最初にぼくの考え方についての全体像をお伝えします。

まず、一般的によく耳にすることの中に、次のようなものがあるかと思います。

・アイデアは、ある日突然降ってくるもの
・アイデアは、才能のある限られた人しか考えられないもの
・アイデアは、枯渇するもの

これらに対して、ぼくは次のように考えています。

・アイデアは、今この瞬間に生みだすもの

・アイデアは、誰でも考えられるもの
・アイデアは、半永久的につくりだせるもの

こういった方向で意識改革を行うことによって、アイデアへの向き合い方ががらりと変わってくると思っています。その上で、これらを実現するために具体的に行っているのが**「偶然できたことや無意識にしていたことを、可能な限り言語化する、メソッド化する」**ということです。この、いわば「偶然を必然に変える作業」で偶然への依存度を下げて必然的にできる部分を増やし、ひらめく確率を上げながら、ぼくは日々**「自分からつくりにいく」ような感覚でアイデアと向き合っています。**

余談ですが、この考え方の背景には高校時代に学んだ数学での経験が色濃くあります。ある数学の1問があったとして、最初はたまたま解けたとします。が、それ以上は何もせずに放置して次に類似の問題と出会ったときにどうなるか。再びたまたま解けることもあるかもしれませんが、それはどこまで行っても偶然であり、3回、4回と繰り返すうちにいつか解けないときが来ることは明白です。

それに対して、なぜ解けたのかを掘り下げ、考え方や解き方を言語化、メソッド化しておくことで、最初は偶然解けた問題も次からは必然的に解けるようになっていき、さらにそれらが血肉となったあとには応用問題を解く力にもつながっていきます。ぼくは高校の数学で培ったこの考え方を、アイデアに対しても意識的に応用している形です。

ちなみに、言語化したりメソッド化したりすることについて、もしかすると中には無機質に感じたり、それによって失われるものなども踏まえて抵抗感を覚える方もいらっしゃるかもしれません。その点、ぼくは前提として言語化もメソッド化も万能ではなく、あくまで補助輪のようなアシストツールとして使用するというスタンスでいます。要はうまく付き合うことが大切で、その付き合い方しだいではむしろ出来上がる作品はいっそう血の通った豊かなものになり得ると考えています。

また、**言語化やメソッド化は、ひらめく確率を上げることに役立つとともに、考える効率を上げることにも役立つ**と考えています。

この「効率を上げる」というのは「さっさと片づける」という意味ではなく、自分や

偶然を必然にする作業で、ひらめく確率をあげる

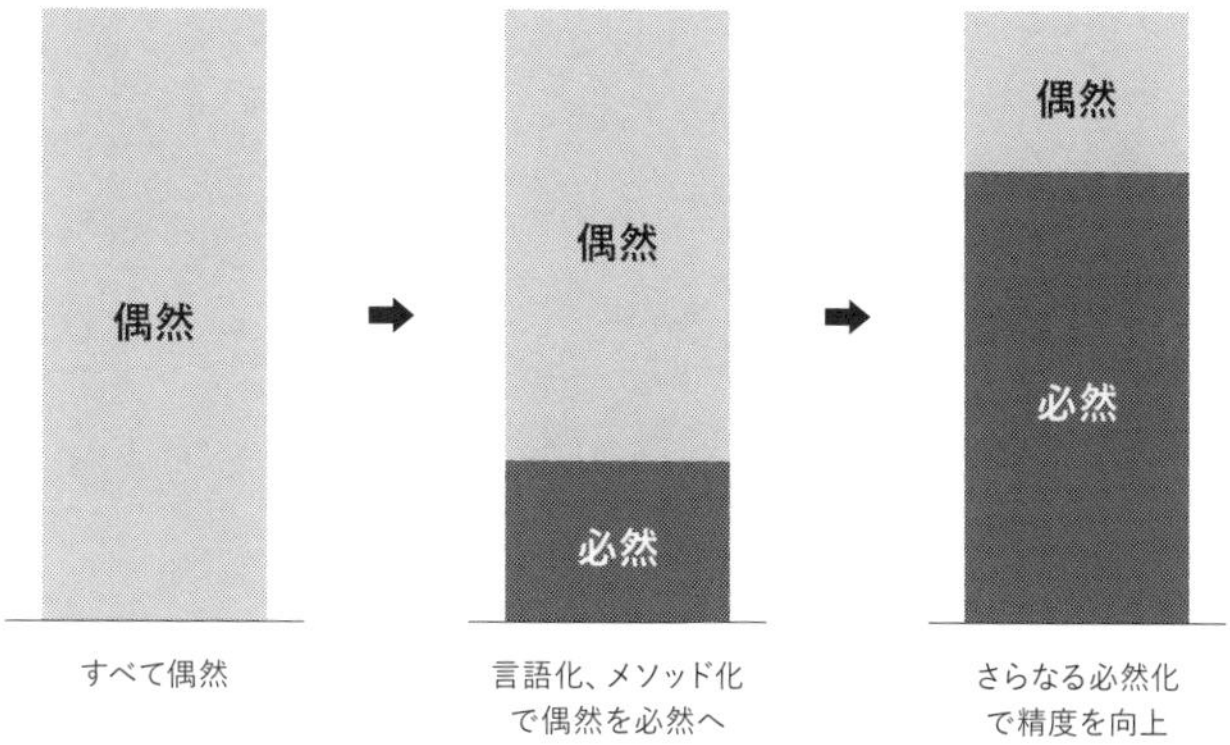

誰かがすでに到達している点まで最速でたどりつけるという意味で、これによって浮いた時間や力をもって肝心のその先、効率的ではない未知の部分とたっぷり向き合うことができるようになります。

効率の追求は非効率への挑戦のために欠かせないというのがぼくの考えで、そのために言語化やメソッド化は強力な武器になると思っています。

言語化やメソッド化とうまく付き合い、アイデアをサステナブルに生みだしていく。ここからは、もう少しそんな話をつづけていければと思います。

アイデアの源を、どう培うか？

ショートショートではアイデアが大切になる。

そうお伝えしましたが、ぼく自身が最初からそのアイデアをどんどん生みだすことができたかというと、まったくそうではありませんでした。

もう少し言うと、大学生になり本格的に書きはじめてから最初のうちは比較的すらすらと書くことができたのですが、20作くらいを書いたあたりからしだいに筆が動かなくなっていきました（それら最初の作品のアイデアも今となってはじつにお粗末なのですが……それはさておき）。考えるもの考えるものが似通っていて、ぜんぜん新しいものが考えられなくなったのです。

そのとき、なぜ自分は行き詰まったのかということを発端に、そもそもどうやったらアイデアをサステナブルに生みだすことができるのかということや、世間でよく言われるアイデアの枯渇問題についてどう対策していけばよいのかなど、あれやこれやと考えました。

結果、大ざっぱに言うと**インプットなどのアイデアの源**になるものに関する面と、その**アイデアの源からアイデアを生みだす発想**に関する面での課題が浮き彫りになり、これから自分が能動的に行っていくべきことが見えてきました。

まず、**アイデアの源に関する面で出た結論は、経験や知識、教養のなさでした。**それまではショートショート以外の本をまともに読んでおらず、ほかのインプットも自分からは大して行っていませんでした。

そこで、読書ではまず雑多にいろいろな分野の本を読むことを心がけるようになりました。ほかにも、学生時代は日本各地を旅してみたり、世界各国を20か国ほど訪れてみたり。美術、特に絵画を見に行くようにもなり、ゴッホの絵を見るために二泊四日のオランダ旅を強行してみたり。

料理にも意識的に取り組んで、つたない自炊ではありましたがスパイスを買ってきてインド料理をつくってみたり、揚げ物料理をつくってみたり、自分で果実酒を漬けてみたり。あるいは、語彙も身につけねばと、日本語の単語帳をつくってみたり、漢検1級をとってみたり。

これらの効果は直接的にも間接的にもじわじわと作品に現れはじめ、少しずつ新しいアイデアへとつながっていきました。直接的だったことの一例は果実酒づくりの経験で、これはビーチグラスを漬けてつくる架空のお酒にまつわる話「海酒」(『海色の壜』収録)という一作に結実しました。本作はピースの又吉直樹さん主演で短編映画化され、カンヌ国際映画祭でも上映されたりもしましたが、学生時代に台所下で果実酒をつくっていなければ生まれることはなかったでしょう。

さらに、そんなようなさまざまな取り組みをしてみるうちに大きなことにも気がつきました。**自分は生まれてこの方、親や周囲の人たちにたくさんの種をまいてもらっていた**のだということです。

というのが、最初は執筆のためになればと思ってはじめたに過ぎなかったことの中に、旅行や美術鑑賞など、やけに肌になじんでどんどん自分の血肉になっている感覚のあるものがありました。

そして、それらは何が違うのだろうと考えていて、あるとき理由に思い当たりました。旅行や美術鑑賞などは、子供のときに親が繰り返し体験させてくれていたことだ、と。

小さかった当時は旅行も美術鑑賞もそこまで好きではありませんでした。が、そのときにまいてもらった種はじつはずっと残っていて、時をへて開花したのだということに愕然としました。別の表現をすると、**自分はたくさんの伏線を張ってもらっていて、だからこそあとから回収することができたのだ**、と。

ぼくは与えてもらったものの大きさを感じ、自分はなんて恵まれていたのだろうと親や周囲の人たちに感謝しました。

ですが同時に、強い危機感も覚えました。

これまでは周りの人たちが種をまいてくれていたけれど、今の自分には誰も種をまいてくれやしない。つまり、これから先は自分自身で能動的にどんどん種をまいていかなければ、咲くものがなくなってしまう。ない伏線は回収できない、と。

選り好みせずにとりあえず体験してみる、やってみる、ということをいっそう意識するようになったのは、この頃からでした。

いまも自分に種をまくような、伏線を張るような感覚でトライアルを大切にしています。

与えてもらったものにまつわる気づきは、もうひとつありました。

自分の書くものの中には幼少期の思い出から着想しているものが少なからずあったのですが、その思い出の数には限りがあって、このままだといずれ使い切って枯渇してしまうだろうということです。

そして、そうであるなら、これからは思い出のストックも自分で新しく増やしていかなければならないと思うようにもなりました。

では、思い出のストックはどうすれば増えるのか。

きっと、いまこの瞬間の出来事とその都度しっかり向き合い心に刻み、それを熟成させることでしか増やすことはできないのではないかと考えました。人と話をしているときも心ここにあらずという感じで別の誰かを思うのではなく、目の前の人を大切にして、焼き付ける。

ぼくは「**今を思い出化する意識**」と呼んだりしていますが、これのおかげかは定かでないものの、思い出の数は着実に増え、アイデアの源になってくれているように思います。

アイデアは、自分からつくりにいく

次に、かつて行き詰まったときに直面した発想面での課題について、ぼくが対策のためにたどり着いた結論は**アイデアに対する意識を変えて、自分なりの発想法をいつも手元に持っておく**ということでした。

アイデアに関して、よく「降ってくる」という表現が使われますが、個人的にはそこに偶然性にすべてをゆだねているような、なんだか危ういニュアンスを感じてしまいます。

もちろんぼくも降ってくるという感じのことはあり、アイデアが生まれるまでのプロセスの中には飛躍というものも少なからず生じるのはたしかなのですが、行き詰まりを感じて以来、アイデアに対して「受動的に降ってくるのをひたすら待つ」のではなく、**「能動的に自分からつくりにいく」**という意識を強く持つようになりました。

そして、具体策としてアイデアをつくりだすための方法を言語化し、今では発想法として持つようになっています。

その発想法のイメージとしては、第1章で述べた「アイデアは空想が結晶化したもの」という感覚に「アイデアの源」を加えて言うならば、**「アイデアの源やそこから生まれた空想から、狙ってアイデアを結晶化させる方法」**という感じでしょうか。**あるいは発想法の別のたとえとしてよく出すのが、電気をつくりだすための発電法です。**

たとえば火力発電という手段を使って化石燃料を電気に変えるというように、ある発想法をもってして自分の中にあるアイデアの源やそこから生まれた空想を確実にアイデアへと変えていくようなイメージです。

ただ、火力発電で使う化石燃料は埋蔵量に限りがあるように、アイデアの源も種類によっては限りがあると思っています。

幼少期の思い出や書きとめているアイデアメモ（アイデアの種）など、すぐにネタとして使えそうな即戦力レベルのストックがそのイメージに近い例で、いくら発想法があってもそれらのストックを直接的に使う方法ではいずれアイデアの源がなくなる、すなわち枯渇して立ち行かなくなることは明白です。

ではどうするかというと、ひとつはそういった即戦力レベルのアイデアの源（ネタになりそうな思い出やアイデアメモ）のストックを増やす努力をするということ、そしてもうひとつがストック的なものに頼らない別の発想法を持つということです。

後者で言うと、火力発電のほかに太陽光発電の設備を整えるようなイメージです。さらには、そんな太陽光も曇りの日には力を発揮できませんので、ほかにも風力発電や地熱発電の設備を整えたりしておくような感覚です。

このいろいろな発電方法を持っているということが、すなわちさまざまな発想法を持っているということであり、その発想法を単発で使ったり発想法同士を組み合わせて使ったりしながら、サステナブルにアイデアをつくりだすという感覚で日々創作に取り組んでいます。

この自分なりの発想法については、もちろん最初から持っていたわけではありませんでした。**アイデアが偶然生まれたときなどに立ち止まり、なぜ思いついたのか、次からはどうすれば同系統のアイデアを必然的に生みだすことができるかを自分なりに分析して言語化してできてきたものです。**

そして、すでに言語化している発想法に頼り切りにならないように今でも常々ほかにはないかと探っており、これというものが見つかったときは言語化して新たな発想法として手札に加えたりしています。

ちなみに、ストック的なアイデアの源のひとつ、アイデアメモを使うこともたまにはあります。アイデアメモについては、ぼくは普段からEvernoteというサービスを使って日常の中でたまたま思いついたものや違和感を覚えたことをストックしており、質の差は激しいのですが1000個ほどのメモがあります。

その質のよいほう、すでにほとんどアイデアになっているものも含めて実際のメモをご紹介すると、こんな感じです。

✎メモ「有休が消化できてない、胃腸薬、あるいは体調不良で内科」

↓ビジネスパーソンがよく「有給休暇が消化できていない」と言っているなと、あるときふと思いだしました。

そして、その「消化」という言葉に着目し、仮に「有休の消化不良」のような状態があるとしたら、それを改善するための胃腸薬があったり、診察してくれる内科があったりしたらどうだろうと思いメモをしました。

✎メモ「ベルトの蒲焼き」

↓ベルトを見たときになんだかウナギのように見えたため、「ベルトの蒲焼き」なる食べ物があったらどうだろうとメモをしました。

自分のつけているベルトが急にくねくねと動きだして逃げようとしたら驚くなと思ったり、浜名湖あたりで育った天然物のベルトは高値で取り引きされそうだなと思ったり。

メモ「修飾、就職、修飾活動」

→まさに本書を執筆しているときに起きた変換ミスで、「修飾」と打ったつもりが「就職」となっていて、使えそうだと反射的にメモをしました。「修飾活動」という言葉は「就職活動」に掛けた造語で、同時に思いついて記しました。

たとえば、学生の知人がシュウショク活動をするというので話を聞いていると就職ではなく自分を飾るための修飾活動だと判明し、いきなり羽飾りをつけだしたりする方向などがあるでしょうか。もしくは、「美しい」などの修飾語を何らかの方法で身にまとうことで自分を変身させたりできるようになるという方向もあるでしょうか。

以上のような感じです。ただ、先述の通りふだんはこれらのメモは基本的には使っておらず、頂戴したお題やテーマ、そのとき自分の興味のあるものなどをもとに新しくアイデアをつくりにいっています。

もうひとつ余談ながら、本書でも何度か登場しているサステナブルという視点は、個人的にアイデア発想に限らず人生のいろいろなことで大切にしています。

短期的、刹那的、カンフル剤的なことよりも、細くとも長く、クリーンな方法で、健康的にいければいいなと思っています。背景には、ぼくが大学時代に環境・エネルギー問題を学んだことの影響があるのかもしれません。

とにもかくにも、ぼくはアイデアの枯渇というのは「アイデアの源がなくなること」や「アイデアの源やそこから生まれた空想からアイデアをつくりあげる方法を見失うこと」によって起こるのではないかと考えています。

無論、いくら対策したところで、偶然性からはどこまで行っても100パーセント逃れることはできないでしょう。

が、言語化やメソッド化を武器にしながら、偶然をなるべく必然に変えていく。たとえ1%でも、アイデアを生みだせる確率を上げていく。

そんな姿勢で、いつもアイデアと向かい合っています。

idea

「言葉と言葉を組み合わせる」発想法

発想法がいくつもあると述べましたが、ここではそのひとつであり、本書でも中心的に扱う「言葉と言葉を組み合わせる」という発想法について先に簡単にお伝えしておければと思います。

この発想法で行うのは文字通り、言葉と言葉を組み合わせるということです。

自作で例を挙げると、先述した「海酒」という一作はまさにこの方法で考えたものでした。というのが、もともと本作は海をメインに据えることを事前に決めていたのですが、海だけではなかなかアイデアが広がっていかなかったために言葉と言葉を組み合わせようと思い立ち、「海」と組み合わせておもしろくなりそうなよい言葉はないかを探りはじめました。

そんなとき、ふと「ラム酒」という言葉が目に飛びこんできて、さらにそのうちの「酒」という文字に強く惹かれました。そして、瞬間的に「海」という言葉と結びつき

「海酒」という言葉が生まれ、そこから「海酒とはどんなものだろう？」「梅酒と海酒は字面が似ているな」などと想像を広げていって作品に仕上げていきました。

この「言葉と言葉を組み合わせる」という発想法はそういった形で行うというわけですが、組み合わせるのは「海」と「酒」のように名詞と名詞でも構いませんし、「柔らかい」のような形容詞や「走る」のような動詞、「20％オフの」のような修飾する言葉などを持ってきてもＯＫです。

これにより、たとえば「柔らかい海」「走る海」「20％オフの海」のような**新しい言葉が生まれ、そこから「どんなものだろうか？」と想像を広げていく**という具合です。

本質的にはこれがすべてなのですが、いきなり「言葉と言葉を組み合わせてアイデアを考えてください」と言われても慣れないうちは簡単ではないと思います。

そこで、この流れを誰でもできるようにメソッド化し、ワークシートの形に落としこんだものが本書でご紹介する方法で、第3章で詳しくご紹介していきます。また、ほかの発想法の一部も第5章の最後で少しだけ触れられればと思っています。

idea

脳起点でひらめく確率を上げる

さて、話を本筋に戻すと、アイデアを必然的に生みだしていくにあたり言語化が役立つことは述べましたが、考え方や方法のほかに言語化しておくのをオススメすることがあります。自分の脳の特性についてです。**どうやら脳というものには、アイデアを生みだしやすい状況というのがあるようです。**

よく言われる有名なものは散歩のときや入浴のときなどに思いつきやすいというものですが、自分の脳がどんな状況で思いつきやすいかを言語化しておくことで、行き詰まったときの突破口を開きやすくなると考えています。たとえば、ぼくの場合は自分の脳を観察するに、アイデアを考えるときにはA4のコピー用紙を半分にしたものに黒の滑りがいいボールペンでつらつらと考えたことを書き連ねていくことで思いつきやすくなるらしい、ということが経験上分かっています。

パソコンに文字を打ちながら考えることもあるものの、ぼんやりと頭の中だけでこねくり回しているだけでは思いつきやすさが低くなるようです。

もう少し掘り下げると、自分の脳は手や指を動かしながら文字を書くことで活性化するらしく、さらにその**自分の書いた文字が視覚を通して入ることで情報が積み重なったり絡まり合ったりして思いつきやすくなる**ようです。

このことから、ぼくはアイデアを出すとき、意識的にこの状態になるように心がけています。特に、何も思いつかないときなど、ふと我に返ると手が止まっていたりメモから視線を外して頭の中だけでやろうとしたりしていることが多いので、気づいたときにこの状態に戻すようにしています。

気分が乗らないなぁというときも、まずはどうにかこうにかペンを持ち、紙に適当な言葉を書きはじめるようにしています。

そうすることで少しずつ脳が乗ってきて、集中しはじめていくようです。これに加えて、最近では誰かとしゃべることで会話の中でひらめくことも増えており、行き詰まったときは積極的に話してみるように意識したりもしています。

アイデアを考えたり執筆したりするときの場所については、ぼくは基本的にはどこでも大丈夫というタイプです。

もともと勉強は家でやるタイプで、本格的に執筆活動をはじめた頃も家が中心だったのですが、作家として執筆以外のさまざまな活動をすることを見越した際に、いつでもどこでもできるようにしておくほうが時間や場所に縛られずに柔軟に仕事ができるなと考えました。

そして、アマチュアだった学生時代にどこでも考えられたり執筆できたりするよう、意識的にいろいろな場所に出かけて行って訓練した時期がありました。その方法は幸い脳になじんだようで、今では家はもちろん、カフェや公園、迷惑にならない範囲で電車の中や駅のホームなどでも考えたり書いたりしています。

外で仕事をするときの周囲の音については、ぼくの脳はある程度は雑音として処理できるようなのですが、日本語が強めに聞こえてくると音そのものというよりも意味に意識を持っていかれて集中力が低下するので、近くで大声での会話があるときなどはイヤホンで音を流すようにしています。

流す音については、音楽は好きなのですが歌詞やメロディーがあるとやはり意味に意識を持っていかれやすくなるため、流すのはもっぱら波音などのヒーリング音です。

ちなみに、ぼくは恥ずかしながらせっかちで我慢できないために意図的な散歩や長風呂が行えず、おのずと「散歩のときや入浴のときに思いつく」ということはほとんどありません。

もうひとつ、アイデアを考えたり執筆したりする時間帯についての話題も。

これも場所と同様に**何時から何時までとは特に決めておらず、基本的にはいつでもできるときにやる**ようにしています。

ただ、夜に寝て朝に起きるというライフスタイルだけは貫いており、どんなに気分が高まっていようと筆が乗っていようと、夜更かしだけは絶対にしません。

それをしてしまうと、(多くの方も同じでしょうが)自分の脳は翌日にパフォーマンスが著しく低下するからです。

ゆえに、作家になってから徹夜をしたことは一度もありません。

そうは言っても、ありがたいことに日々仕事は多くいただきます。

そんな中、徹夜をしなくても大丈夫なように行っているのが、仕事量の調整とスケジュールの管理です。ここでは特に後者について、締切にまつわる話題を少しだけ。

一般的に作家は締切に追われているイメージがあるかと思い、ぼく自身もそうではあるのですが、締切がある仕事に対しては常に前倒しで向き合うようにしています。具体的には、**いつも与えられた締切よりも早いところに「自分締切」を大ざっぱに設定しています。**

そして、その自分締切をさらに少し前倒しでやるようなイメージで執筆に取り組んでおり、このやり方で徹夜による脳のパフォーマンス低下を防いでいるという具合です。副次的な利点として、それによって生まれた時間の余白で突発的な仕事に対応しやすくなったりもしています。

また、この自分締切は徹夜による脳のパフォーマンス低下を防ぐだけではなく、別の役割も果たしています。

というのが、人によっては締切があることで仕事がはかどるという方も多くいらっしゃるかとは思うのですが、ぼくの脳は誰かに決められた締切に追われている状態に「やらされている」感じが強くなり、気持ちが落ち着かなくなってきて少なからずパフォーマンスが低下することが経験上分かっています。

言い換えると、自分の脳にとっては締切がブーストとしてうまく機能してくれないのです。その点、自分締切に対しては前のめりになって能動的にやれているような感じが強くなり、なんだか脳が気持ちよさを感じはじめて仕事がはかどります。

要は、**同じ締切でも自分締切ならばブーストとしてうまく機能する**ようなのです。もちろん、その自分締切はそもそも誰かに決められた締切によって生まれているものなので、同じく脳が「やらされている」と感じてもよさそうなものなのですが、ぼくの脳はまんまと乗せられてうまく働いてくれています。

さて、ここに挙げたものは無論すべて田丸個人の脳の場合の話であって、人によってまったく違ってくるはずです。

その個人個人で異なる脳の特性を自分なりに引いた目線で観察して、把握して、言語化する。その上で、自分の脳に気持ちよく働いてもらえるように、意図的に状況を整えたり、自分でニンジンをぶら下げたりする。

そんなことの積み重ねで、アイデアをひらめく確率は上がっていくように考えています。

idea

脳起点でインプットを考える

アウトプットについて脳起点で考え言語化することをオススメさせてもらいましたが、インプットについてもお話しできればと思います。

どんなインプットをすれば、うまくアイデアにつながっていくか。

そこに絶対的な答えなどなく、永遠に試行錯誤をつづけるしかないとは思いますが、どういうたぐいのインプットが自分に合っている傾向があるかを脳起点で言語化しておいて損はないと思っています。

脳というブラックボックスにいろいろと刺激を与えて自分で反応を調べたりしながら、よさそうなインプットの方法を言語化しておくというわけです。

具体的なひとつとして、すでに自分の脳の中に種があるもの、伏線が張られているものを折に触れて探って言語化し、重点的に攻めてみるというのはオススメです。過去のぼくの例で言うと、幼少期における旅行や美術鑑賞などにあたるものです。

先述の通り、それらはそもそも吸収しやすい状態になっていると思われますので、意識的にインプットを強化することで花を咲かせたり伏線を回収したりできる可能性は高いと思われます。

もうひとつ、吸収しやすさという点で特に把握しておいて損がないと思っているのが、自分の脳と五感との結びつきです。**視覚、聴覚、嗅覚、味覚、触覚という五感のうち、脳が好むのはどの感覚を経由したインプットかをできる限り知っておく**のです。

それにより、たとえば視覚を好む脳だと分かれば視覚がメインのインプットに重きをおいたり、特定の情報を仕入れたいときなどには視覚経由で行うことを意識したりすることで、ほかの感覚がメインとなるようなインプットを行った場合よりも内容の吸収率が上がるのではないかと考えています。

あるいは、たとえば自分の脳が聴覚をメインとしたインプットと相性があまりよくないようであれば日頃からその優先順位を下げたり、逆に脳の幅を広げるためにあえて聴覚にまつわるインプットを強化してみたりといったことも意識的に行えるようになっていきます。

では、どうやって把握するかと言いますと、**今一度、日頃からどんなものに夢中になりやすいか、どんなものが記憶に残りやすいかを考えたり、五感にまつわるあれこれを試してみて脳の反応がいいのは何かを検証してみたりする**のがひとつかと思います。

ほかにも、学生時代の勉強の際に覚えやすかった方法にヒントがあるかもしれません。たとえば、声に出して覚えたり耳で聴いて覚えたりしていた方は、聴覚にまつわるインプットと相性がいい可能性があります。

また、思い出やエピソードを人に話すうちに分かっていくこともあるかと思います。実際に以前、ぼくが知人から過去の話をとりとめもなく聞いていたとき、「あのときにこんな匂いがした」「あの国に行ったときに匂いが違った」など、やけに嗅覚にまつわる話が多いなと感じたことがありました。

そのことを指摘するとご本人は初めて自覚されたようで、改めて記憶を探ってもらうと嗅覚にまつわるものがどんどん出てきて、明らかに嗅覚が強いと判明しました。そして、その後も嗅覚を意識するようになったらしく、重要なことに取り組むときなどは意識的にアロマを焚いたりするようになり、よい効果が出ているそうです。

こんな形で、一人で洗い出すのが難しければ誰かに聞いてもらいながら探ってみるのもよいかと思います。

そんな中、ぼくの場合はといいますと視覚を好む脳のようで、記憶や思い出もシーンや映像や色彩として残っていることが多いので、日頃から視覚的なインプットを心がけるようにしています。

さらに、その中でもどちらかと言えば静止画的なものよりも動画的なもののほうが自分の中に残って熟成していく傾向があるようなので、リアルな体験に加えて映像作品に触れる機会をなるべく多くとるようにしています。

ぜひ、みなさんも自分の脳とうまく付き合ってみてください。

idea

楽しみながら、衝動ベースで創作する

この章ではアイデアや創作にまつわるぼくの考え方について述べてきましたが、最後に実際にアイデアを考えたり創作したりするにあたってぜひ大切にしていただきたいことをお伝えしたいと思います。

ひとつが、**楽しみながら考える**、ということです。

本書ではこのあと実際にショートショート発想法に取り組んでいただくわけですが、いざ小説を書くとなると「自分なんかにできるだろうか」と不安がよぎったり、「おもしろいものを書かなければ」と肩ひじを張ってしまったりするかと思います。

ですが、まずはリラックスして、何でも書いてOKなんだという安心した状態で取り組んでほしいと思っています。

上達を目指していく過程では、クオリティーを高めるためにも自分に対して厳しく否定的に考えることもときには必要かとは思うのですが、特にはじめのうちは、まずはとにかく楽しむ気持ちを強く持つことが重要だと考えています。

そもそも**想像力というのは繊細で、ちょっとしたネガティブ反応でいともたやすく委縮します。**相手からの反応はもちろんのこと、自分が自分に向ける反応でもそうなる可能性は決して低くないと思っています。

そして、萎縮してしまった想像力を再び膨らませるのは本当に難しく、へたをすると二度と膨らまなくなる可能性さえあります。

だからこそ、**まずはポジティブに、楽しむ気持ちを大切にしてほしいのです。**

さらには、上達を目指す上でも楽しむということは重要だと個人的には思っています。創作に産みの苦しみはつきもので、ぼくも発想法を持っているとはいえ日頃から苦しい思いをすることはよくあるのですが、それでも粘ることができ突破していけるのは楽しむ気持ちがあるからです。

楽しいからつづけられ、つづけるからうまくなる。

そんな循環で上達を目指してほしいなと思います。

次にお伝えしたいのが、衝動ベースで書く時間を大切にしてほしいということです。文章を書くとなると、ついつい見え方や受け取られ方を気にしてしまうのではないかと思います。

特にビジネスパーソンはふだんから人の目に触れることが前提で企画書やメールを作成する機会が多いと思われ、それゆえに客観的な視点で見え方を気にする癖がついている可能性があります。

言うまでもなくそれはそれでとても大切なことで、文章やストーリーを整える力、ひいては伝える力にもつながっているかと思うのですが、**見え方ばかりを気にしすぎると知らず知らずのうちに発想が縮こまってしまう懸念があります。**

それを防ぐためにも、創作に取り組む中でぜひ衝動ベースで書くという時間も大切にしていただきたいなと思っています。

そうすることで大胆さが身についていき、必要に応じていつでも枠を超えていける力になっていくように思います。

この衝動ベースで書ける力と客観的に書ける力が合わさると、きっとビジネスシーンでも大きな強みとなるはずです。

最後に、本書では誰でもショートショートが書けるメソッドをご紹介するわけですが、これが唯一のやり方ではまったくありません。

そもそも書き方にも発想の仕方にも正解など存在せず、創作の世界には絶対にこうしなければならないという決まり事もありません。

誰でも自分なりの方法で、自由に表現していいのです。

その上で、そうは言ってもいきなり書いてほしいと言われても多くの方が途方に暮れてしまうのではないかと思います。

そこで活用いただきたいのが本書でご紹介するメソッドというわけで、ぜひそれを補助輪のようなアシストツールのイメージで使ってみていただければうれしいです。

そして、機械的な丸暗記ではなくしっかりと血肉にしてもらい、感覚をつかめた先はどんどん自走していっていただければと願っています。

というわけで、いよいよ次章では、そんなショートショートを実際に書くための方法をご紹介したいと思います。

あなたもぜひ、ショートショートの執筆を。

未来を切り拓くヒントは、ほかでもない、あなたの中に眠っているかもしれません。

第3章

【ワークショップ】「ショートショート発想法」～執筆パート～

企業向けのワークショップ「ショートショート発想法」は次の2部構成になっています。

第1部：執筆パート　第2部：読み解きパート

この章では、このうちの第1部「執筆パート」の内容をご紹介し、みなさんにも実際に空想してもらいながらショートショートの作品を執筆していただきます。（なお、次章でご紹介する第2部「読み解きパート」では、その完成作品からビジネスシーンにおける新しい商品やサービスのアイデアを考えていきます。）この章のワークでは巻末にある「ワークシート①」「ワークシート②」を使用しますので、筆記用具と一緒にご準備ください。

idea まずは、ショートショートの作品例を読んでみる

最初に、これから書いていただく作品のイメージをつかんでいただくために、具体例をご紹介します。ご一読ください。

・例1「タイヤ貯金」

＊　＊　＊

カー用品店で、500円玉を投入しないと回転しないタイヤと出会った。500円玉貯金ができるというので遊び心で購入すると、運転するたびにお金が貯まる感覚が新鮮で、目標額の100万円の使い道に思いを馳せるのも楽しかった。しかし、手持ちに500円玉がなければ車を動かすことができなかったり、タイヤがジャラジャラいう音がうるさかったりし、次第にイライラが募ってくる。ついにはバールで叩いて

衝動的に壊してしまうが、その壊れた部分の修理代は、貯まった500円玉ではまかなえなかった。

＊　＊　＊

・例2「もふもふクリーム」

近ごろ流行りの「もふもふクリーム」は、塗ると手が猫の毛に覆われて「もふもふ」になる。抜け毛の掃除が大変だったり、猫アレルギーの人と握手しないように気をつかう必要があったりはするが、疲れたときにほおずりができたり「猫吸い」ができたりして癒やされる。ペルシャ、ラグドールなどの種類が選べるほか、塗るたびに毛質が変わるバラエティクリームも。ただし、猫のように急に爪がムズムズしはじめることがあり、ダンボール製の爪とぎだけは持ち歩きが欠かせない。

＊　＊　＊

前者が自動車関連の方を執筆者として想定した作品例、後者が日用品関連の方を想定した作品例です。

執筆者の置かれている簡単な背景設定としては、それぞれ「新しい商品やサービスを考える」というミッションを会社から与えられた、もしくは会社に提案すべく自主的にアイデアを考えはじめた、というようなイメージです。

余談ですが、この2作くらいの文字数の作品を、ぼくは「ショートショートの中でも特に文字数が少ない」という意味合いで「超ショートショート」と呼んだりしています。

というわけで、この章を通じて、みなさんにもこのような作品を執筆いただきたいと思います。

idea 事前のワーク

イメージをつかんでいただいたところで、さっそく事前のワークに取り組んでいただきたいと思います。「ワークシート①」を使用しますので手元にご用意いただいて、次の説明に沿って実際に書きこんでみてください。

事前のワーク（制限時間7分）

❶：名詞を探して書いてみよう

まず、ワークシート①の真ん中あたり「名詞を探して書いてみよう」という枠の中に、自分の好きな名詞を1つ書きます。生き物でも食べ物でも、趣味でも場所でも、何でもOKです。次に、残りの19個の枠の中に、自社や、自社の業務領域に関連する名詞を書きます。商品名などの固有名詞を書いても構いません。

【ワークシート①】不思議な言葉をつくる

❶ 好きな名詞を1つ書き、残りの枠に自社や
自社の業務領域に関連する名詞を書いてください。

❷ 好きな名詞から思いつくことを自由に10個書いてください。

❷

好きな名詞から思いつくことを書いてみよう

❶

名詞を探して書いてみよう	

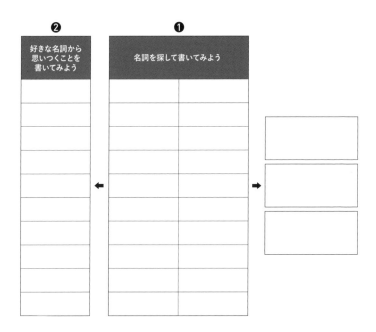

例として、次ページの例1では好きな名詞を「ゴルフ」として、残りの枠には自動車関連の業界を想定した名詞を書き、次々ページの例2では好きな名詞を「猫」として、残りの枠には日用品関連の業界を想定した名詞を書きました。

ワークの時間は4分程度が目安です。では、実際に書きこんでいってみてください。

❷：好きな名詞から思いつくことを書いてみよう

今度はワークシート①の左にある「好きな名詞から思いつくことを書いてみよう」の10個の枠の中に、先ほど書いた「好きな名詞」から思いつくことを記入します。ここでは名詞、形容詞、動詞、副詞など、なんでも構いません。

次ページの例1では「ゴルフ」という名詞から思いついたことを、次々ページの例2では「猫」という名詞から思いついたことを書いてみました。目安は3分程度です。

みなさんも手元のワークシート①に書きこんでいってみてください。

ここまで書き終われば、事前のワークは終了となります。

【ワークシート①】不思議な言葉をつくる

例1の場合

❶ 好きな名詞を1つ書き、残りの枠に自社や
自社の業務領域に関連する名詞を書いてください。

❷ 好きな名詞から思いつくことを自由に10個書いてください。

❷

好きな名詞から思いつくことを書いてみよう
ホールインワン
バンカー
打ちっぱなし
OB
朝早い
キャディーさん
お金がかかる
雨天中止
スコットランド発祥
襟つきの服

⬅

❶

名詞を探して書いてみよう	
ゴルフ	ワイパー
軽自動車	カーナビ
エンジン	ライト
タイヤ	チャイルドシート
工場	ウィンカー
バイク	ETC
ガソリン	エアバッグ
電気自動車	タクシー
セダン	ドライバー
オフロード	シートベルト

➡

【ワークシート①】不思議な言葉をつくる

例2の場合

❶ 好きな名詞を1つ書き、残りの枠に自社や
自社の業務領域に関連する名詞を書いてください。

❷ 好きな名詞から思いつくことを自由に10個書いてください。

❷

好きな名詞から思いつくことを書いてみよう
ニャアと鳴く
肉球
もふもふ
尻尾がある
ジャンプする
香箱座り
ごろごろと喉を鳴らす
気まぐれ
夜行性
よく眠る

⬅

❶

名詞を探して書いてみよう	
猫	除湿剤
歯磨き粉	アルコール消毒
フッ素	クッキングペーパー
シャンプー	柔軟剤
石けん	おむつ
ハンドクリーム	洗剤
制汗剤	泡
スプレー	日焼け止め
ヘアワックス	オーラルケア
スポンジ	入浴剤

➡

idea

ショートショートのつくり方

さて、事前のワークはいったん脇に置いておき、ここからは作品をつくるためのステップをご紹介していきます。ステップは次の3つです。

- ステップ❶：不思議な言葉をつくる
- ステップ❷：不思議な言葉から想像を広げていく
- ステップ❸：想像したことを短い物語にまとめる

これらをへて、作品の完成を目指していきます。

今回は、事前のワークで具体例としてお出しした自動車関連の業界を想定した例1と、日用品関連の業界を想定した例2の内容をもとに各ステップの詳細をご説明していきます。まずは例1をもとにして進めていき、例2についても後ほどご紹介します。

作品をつくるときの3つのステップ

1
不思議な言葉をつくる

↓

2
不思議な言葉から想像を広げていく

↓

3
想像したことを短い物語にまとめる

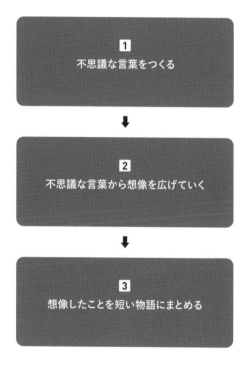

idea

3つのステップの説明〜例1の場合〜

〈ステップ1〉：不思議な言葉をつくる

「不思議な言葉」とは、パッと聞いて「不思議だな」「聞いたことがないな」「違和感があるな」「ありえない」などと感じるような言葉のことです。

たとえば「冷たい冷蔵庫」と聞くと当たり前で、まったく不思議ではありませんが、「熱い冷蔵庫」と聞くととても不思議で、まさに「不思議な言葉」になっているかと思います。

ステップ1ではこのような不思議な言葉をつくっていただくわけなのですが、それにはワークシート①を使い、事前のワークで書いた2種類の言葉を組み合わせることでつくっていただきます。

具体的には、2種類の言葉を書いた順番とは逆にして、頭のほうに「好きな名詞から思いつくことを書いてみよう」で書いた言葉を、お尻のほうに「名詞を探して書いてみよう」で書いた言葉を持ってきて、不思議な言葉になるように自由自在に組み合わせます。ただし、お尻のほうに持ってくる名詞については、「好きな名詞」以外の名詞を使用します。

まとめると、

「好きな名詞から思いついた言葉＋名詞（好きな名詞以外）」

という形で言葉と言葉を組み合わせて不思議な言葉をつくります。そして、できあがったものをワークシート①の右にある3つの枠の中に記入します。

例として、事前のワークで記入した例1のワークシート①の内容をもとに実際に次ページでやってみましょう。

【ワークシート①】不思議な言葉をつくる

例1の場合

❶ 好きな名詞を1つ書き、残りの枠に自社や自社の業務領域に関連する名詞を書いてください。

❷ 好きな名詞から思いつくことを自由に10個書いてください。

❷

好きな名詞から思いつくことを書いてみよう
ホールインワン
バンカー
打ちっぱなし
OB
朝早い
キャディーさん
お金がかかる
雨天中止
スコットランド発祥
襟つきの服

⬅

❶

名詞を探して書いてみよう	
ゴルフ	ワイパー
軽自動車	カーナビ
エンジン	ライト
タイヤ	チャイルドシート
工場	ウィンカー
バイク	ETC
ガソリン	エアバッグ
電気自動車	タクシー
セダン	ドライバー
オフロード	シートベルト

➡

バンカーのチャイルドシート

キャディーさんのいるセダン

お金がかかるタイヤ

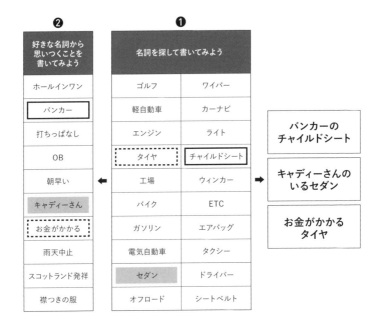

組み合わせるにあたっては、言葉を補ったり変形させたりしてもＯＫです。

◎例❶からの不思議な言葉

・バンカーのチャイルドシート
・キャディーさんのいるセダン
・お金がかかるタイヤ

いずれも当たり前には存在しない不思議な言葉で、どういうことだろうと気になってきます。**これらの言葉がお話づくりの出発点となり、ひいてはビジネスシーンにおけるアイデアを考えることへとつながっていきます。**

ここで、もしかすると、中にはこんな荒唐無稽な言葉を考えることに本当に意味があるのかと感じる方もいらっしゃるかもしれません。

その点、たとえば「消せるボールペン」「羽のない扇風機」という言葉についてはどうでしょうか。

一見すると不思議な言葉のようですが、そう、これらは現実にあるパイロットの「フリクション」、ダイソンの「羽のない扇風機」のことです。

「消せるボールペン」も「羽のない扇風機」もかつては世の中に存在しない不思議な言葉であり、目にすれば「ありえない！」と一笑に付してしまう人も少なくなかったはずですが、いまではすっかり当たり前に存在する言葉となりました。

こんなような感じで、このステップ❶でつくる不思議な言葉も、未来では当たり前に存在するようになる可能性は十分にあります。

ですので、**「ありえない！」で終わらせたりせず、ぜひ「もしかしたら未来にはあるかも!?」という意識で楽しみながらつくっていっていただきたいなと思います。**

さて、みなさんにも後ほどこの不思議な言葉づくりを行っていただきますが、先にステップ❷とステップ❸の説明をしておきたいと思いますのでお付き合いください。

〈ステップ**2**〉：不思議な言葉から想像を広げていく

ステップ**2**とステップ**3**では、「ワークシート②」を使います。

ステップ**2**に進むにあたり、まずはステップ**1**でつくった不思議な言葉の中から1つだけ選び、ワークシート②の左上にある「選んだ言葉」の枠に記入します。

どの言葉を選んでもOKですが、このあとのことを考えて物語にしやすそうなものを選ぶというよりは、たとえ**まだ先が見えていなくとも個人的に気になるものを優先させる**のがオススメです。

ここでの例としては、先ほど例1の内容からつくった不思議な言葉の中から「お金がかかるタイヤ」というひとつを選ぶことにしてみましょう。

【ワークシート②】想像を広げよう／短い物語にまとめよう

選んだ言葉

それは、どんなモノですか？ 説明してください。空いたスペースにイラストで描いてもOKです。

↓

それは、どこで、どんなときに、
どんな良いことがありますか？

それは、どこで、どんなときに、どんな悪いこと、
または左で書いたこと以外のどんなことがありますか？

↓

上に書いたことをまとめてください。（出たもの全部を使わなくてもOKです。）

題名：

さて、ステップ❷として取り組んでいただくのは、右のワークシート②のうちの次の3つの枠になります。

◎**それは、どんなモノですか？　説明してください。**

上から二つ目の枠に「それは、どんなモノですか？　説明してください」と書いてあります。ここに、自分で選んだ不思議な言葉の説明を書いていただきます。イラストで描いてもＯＫです。このときにお伝えしたいのは、**楽しみながら書いてほしいということと、正解はないということです。**考えてダメなことは一切ありませんので、想像の赴くまま自由に書いてみてください。

◎**それは、どこで、どんなときに、どんな良いことがありますか？**

中段の左に「それは、どこで、どんなときに、どんな良いことがありますか？」と書いてあります。簡単に言えば、メリットを考えていただくための枠です。同じく正解はありませんので、自由に書いてみてください。

◎それは、どこで、どんなときに、どんな悪いこと、または左で書いたこと以外のどんなことがありますか?

中段の右に「それは、どこで、どんなときに、どんな悪いこと、または左で書いたこと以外のどんなことがありますか?」と書いてあります。簡単に言えばデメリット、もしくはその他のことを考えていただくための枠です。**思いついたことは何でも書きとめておいてください。**

以上を踏まえ、例1「お金がかかるタイヤ」での具体例を見ていきましょう。

◎それは、どんなモノですか? 説明してください。

最初にぼくは、どういう意味で「お金がかかる」のだろうかと考えてみました。ここで、もともと「お金がかかる」という言葉の出どころだった「ゴルフ」に掛けて考えていってもよいのですが、今回はゴルフには掛けず、独立した言葉としてとらえて考えました。

たとえば、タイヤにダイヤモンドがちりばめられていて、高価なタイヤだからお金がかかるのか。

あるいは、このタイヤは素晴らしい性能と引き換えに一回限りの使い捨てで、乗るたびに交換しなければならないからお金がかかるのか。

もしくは、タイヤに鍵がかかっていて、それを外すためには投入口に毎回硬貨を入れないといけないからか。

はたまた、生き物のようなタイヤで、ハイパフォーマンスを発揮してもらうにはステーキや寿司を食べさせないといけないからか……。

そんな中、今回はこちらの方向を採用しました。

〈例1〉⬇投入口に500円玉を入れないと回転しない車のタイヤ。

◎それは、どこで、どんなときに、どんな良いことがありますか？

次にこちらについて、ぼくは小さい頃にやっていた「500円玉貯金」を思いだし、こんなふうに考えました。

・500円玉貯金ができる。運転するたびにお金が貯まる感覚が新鮮。
・目標金額100万円の使い道に思いを馳せるのが楽しい。

◎それは、どこで、どんなときに、どんな悪いこと、または左で書いたこと以外のどんなことがありますか？

ここではデメリットを考え、次のように書きました。

・手持ちに500円玉がなければ車を動かすことができない。
・タイヤがジャラジャラとうるさい。
・壊すと修理代が高い。

【ワークシート②】想像を広げよう／短い物語にまとめよう

例1の場合

選んだ言葉

お金がかかるタイヤ

それは、どんなモノですか？ 説明してください。空いたスペースにイラストで描いてもOKです。

投入口に500円玉を入れないと回転しない車のタイヤ。

⬇

それは、どこで、どんなときに、どんな良いことがありますか？

◎500円玉貯金ができる。
運転するたびにお金が貯まる感覚が新鮮。

◎目標金額100万円の使い道に思いを馳せるのが楽しい。

それは、どこで、どんなときに、どんな悪いこと、または左で書いたこと以外のどんなことがありますか？

◎手持ちに500円玉がなければ車を動かすことができない。

◎タイヤがジャラジャラとうるさい。

◎壊すと修理代が高い。

⬇

上に書いたことをまとめてください。（出たもの全部を使わなくてもOKです。）

題名：

〈ステップ3〉：想像したことを短い物語にまとめる

ステップ2で書いてきた内容を「ワークシート②」の一番下の枠にまとめるのがステップ3で、ここに作品を完成させてワークは終了となります。

まとめるにあたってはステップ2で書いたものすべてを書く必要はなく、適宜、取捨選択していきます。

次ページの図の一番下の枠の中には、これまで例1「お金がかかるタイヤ」で書いてきた内容をまとめたものを記していますが、本作はこの章のはじめに作品例として挙げていた「タイヤ貯金」と同じものです。じつはあの作品は、この3つのステップをへて執筆したものでした。以上が、執筆パートの全容となります。

次に、同じ流れで例2「もふもふハンドクリーム」をもとにした具体例も簡単にご紹介したいと思います。

【ワークシート②】想像を広げよう／短い物語にまとめよう

例1の場合

選んだ言葉

お金がかかるタイヤ

それは、どんなモノですか？ 説明してください。空いたスペースにイラストで描いてもOKです。

投入口に500円玉を入れないと回転しない車のタイヤ。

⬇

それは、どこで、どんなときに、
どんな良いことがありますか？

◎500円玉貯金ができる。
運転するたびにお金が貯まる
感覚が新鮮。

◎目標金額100万円の使い道に
思いを馳せるのが楽しい。

それは、どこで、どんなときに、どんな悪いこと、
または左で書いたこと以外のどんなことがありますか？

◎手持ちに500円玉がなければ
車を動かすことができない。

◎タイヤがジャラジャラとうるさい。

◎壊すと修理代が高い。

⬇

上に書いたことをまとめてください。（出たもの全部を使わなくてもOKです。）

題名：**タイヤ貯金**

カー用品店で、500円玉を投入しないと回転しないタイヤと出会った。500円玉貯金ができるというので遊び心で購入すると、運転するたびにお金が貯まる感覚が新鮮で、目標額の100万円の使い道に思いを馳せるのも楽しかった。しかし、手持ちに500円玉がなければ車を動かすことができなかったり、タイヤがジャラジャラいう音がうるさかったりし、次第にイライラが募ってくる。ついにはバールで叩いて衝動的に壊してしまうが、その壊れた部分の修理代は、貯まった500円玉ではまかなえなかった。

idea

3つのステップの説明～例2の場合～

〈ステップ❶〉：不思議な言葉をつくる

先ほどと同じように、まずはステップ❶です。

「好きな名詞から思いついた言葉＋名詞（好きな名詞以外）」という形で不思議な言葉をつくります。今回は、記入した例2の言葉の中から次のような3つをつくってみました（次ページ図も参照ください）。

◎例❷からの不思議な言葉

・もふもふハンドクリーム
・ごろごろと喉を鳴らすオーラルケア
・夜行性の日焼け止め

【ワークシート①】不思議な言葉をつくる

例2の場合

❶ 好きな名詞を1つ書き、残りの枠に自社や
自社の業務領域に関連する名詞を書いてください。

❷ 好きな名詞から思いつくことを自由に10個書いてください。

❷

好きな名詞から思いつくことを書いてみよう
ニャアと鳴く
肉球
もふもふ
尻尾がある
ジャンプする
香箱座り
ごろごろと喉を鳴らす
気まぐれ
夜行性
よく眠る

⬅

❶

名詞を探して書いてみよう	
猫	除湿剤
歯磨き粉	アルコール消毒
フッ素	クッキングペーパー
シャンプー	柔軟剤
石けん	おむつ
ハンドクリーム	洗剤
制汗剤	泡
スプレー	日焼け止め
ヘアワックス	オーラルケア
スポンジ	入浴剤

➡

もふもふ ハンドクリーム

ごろごろと喉を鳴らすオーラルケア

夜行性の日焼け止め

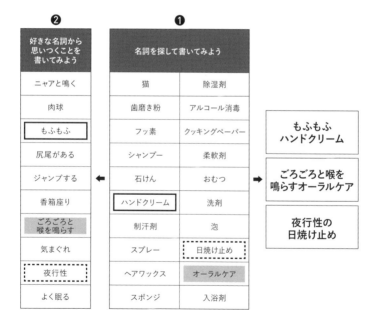

〈ステップ❷〉：不思議な言葉から想像を広げていく

次に、ワークシート②を使ったステップ❷です。

最初に、先ほどつくった不思議な言葉の中から、ぼくは「もふもふハンドクリーム」というものを選ぶことにしてみました。

その上で、ワークシート②の

◎それは、どんなモノですか？　説明してください。
◎それは、どこで、どんなときに、どんな良いことがありますか？
◎それは、どこで、どんなときに、どんな悪いこと、または左で書いたこと以外のどんなことがありますか？

の枠を記入していきます。ぼくは「もふもふハンドクリーム」という不思議な言葉に対して、次のように考えてみました。

◎それは、どんなモノですか？　説明してください。

今回も初めに、どういう意味で「もふもふ」なのかを考えてみました。

たとえば、このハンドクリームをつけるともふもふの毛が実際に生えたようになるのか。

あるいは、塗って何かに触れると相手をもふもふにさせられるのか。

はたまた、猫などのもふもふの生き物が寄ってくるようになるのか……。

また、ハンドクリームには「さらさら」や「しっとり」といった言葉が書いてあることがありますが、そこに「もふもふ」という表記があったらおもしろいかも、などと考えたりもしました。

そんな中、今回は「もふもふ」という言葉の出どころである「猫」のイメージを踏まえながら、こちらの方向を採用しました。

〈例2〉➡塗ると、手が猫のようにもふもふの毛で覆われるハンドクリーム。

◎**それは、どこで、どんなときに、どんな良いことがありますか？**

仮に自分の手がもふもふの毛で覆われたとしたら？　と想像しながら、こう考えました。

・疲れたときにほおずりができたり、「猫吸い」ができたりして、猫好きにはたまらない。

・ペルシャなど、いろいろな種類から好きなものを選べる。

◎**それは、どこで、どんなときに、どんな悪いこと、または左で書いたこと以外のどんなことがありますか？**

実際の猫の「あるある」をもとに、こんなことを考えてみました。

・抜け毛の掃除が大変。

・猫アレルギーの人とは握手できない。

・猫のように急に爪がムズムズしてくる。

【ワークシート②】想像を広げよう／短い物語にまとめよう

例2の場合

選んだ言葉

もふもふハンドクリーム

それは、どんなモノですか？ 説明してください。空いたスペースにイラストで描いてもOKです。

塗ると、手が猫のようにもふもふの毛で覆われるハンドクリーム。

⬇

それは、どこで、どんなときに、
どんな良いことがありますか？

◎疲れたときにほおずりしたり
「猫吸い」をすると癒され、
猫好きにはたまらない。

◎ペルシャなど、
いろいろな種類がある。

それは、どこで、どんなときに、どんな悪いこと、
または左で書いたこと以外のどんなことがありますか？

◎抜け毛の掃除が大変。

◎猫アレルギーの人とは
握手できない。

◎猫のように急に爪が
ムズムズしてくる。

⬇

上に書いたことをまとめてください。（出たもの全部を使わなくてもOKです。）

題名：

〈ステップ3〉：想像したことを短い物語にまとめる

ステップ❷で書いてきた内容をまとめるステップ❸として、次ページ図の一番下の枠の中に作品に仕上げたものを記しました。

本作はこの章のはじめに作品例として挙げていた「もふもふクリーム」と同じものです。

この一作も、やはり3つのステップをへて生まれたものでした。

説明は以上となります。

ここからはみなさんにも改めてワークシート①とワークシート②をご用意いただき、執筆に挑戦していただきたいと思います。

【ワークシート②】想像を広げよう／短い物語にまとめよう

例2の場合

選んだ言葉

もふもふハンドクリーム

それは、どんなモノですか？ 説明してください。空いたスペースにイラストで描いてもOKです。

塗ると、手が猫のようにもふもふの毛で覆われるハンドクリーム。

⬇

それは、どこで、どんなときに、
どんな良いことがありますか？

◎疲れたときにほおずりしたり「猫吸い」をすると癒され、猫好きにはたまらない。

◎ペルシャなど、いろいろな種類がある。

それは、どこで、どんなときに、どんな悪いこと、
または左で書いたこと以外のどんなことがありますか？

◎抜け毛の掃除が大変。

◎猫アレルギーの人とは握手できない。

◎猫のように急に爪がムズムズしてくる。

⬇

上に書いたことをまとめてください。（出たもの全部を使わなくてもOKです。）

題名：**もふもふクリーム**

近ごろ流行りの「もふもふクリーム」は、塗ると手が猫の毛に覆われて「もふもふ」になる。抜け毛の掃除が大変だったり、猫アレルギーの人と握手しないように気をつかう必要があったりはするが、疲れたときにほおずりができたり「猫吸い」ができたりして癒される。ペルシャ、ラグドールなどの種類が選べるほか、塗るたびに毛質が変わるバラエティクリームも。ただし、猫のように急に爪がムズムズしはじめることがあり、ダンボール製の爪とぎだけは持ち歩きが欠かせない。

idea

作品の執筆に挑戦する

ここからは、みなさんに実際に書いていただくパートです。

ワークはステップごとに時間を設け、ひとつずつ区切りながら進めていきます。

制限時間はあくまで目安で気にしすぎる必要はありませんが、あえて制限を設けることでよい意味で自分を追いこむこともできますので、有効に活用いただければと思います。

また、ほかの人と一緒に行っていただくことでさまざまな刺激がありますので、複数人で同時に取り組むのもオススメです。それでは、楽しみながら、挑戦してみてください。

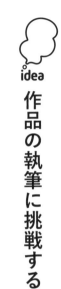

〈ステップ1〉：不思議な言葉をつくる（制限時間5分）

事前のワークを書きこんだ「ワークシート①」を出し、「好きな名詞から思いついた言葉＋名詞（好きな名詞以外）」という形で、一番右の3つの枠の中に不思議な言葉を書いてください。

言葉を組み合わせるにあたっては、同じ言葉を何度使ってもOKです。

また、組み合わせるための言葉を新たに書き加えても構いませんし、たとえば「もふもふ」という言葉を「もふもふの」や「もふっとする」などとするように、言葉を補ったり、変形させたりしても構いません。

要は不思議な言葉ができればOKということで、ぜひ柔軟にやってみてください。

制限時間は5分です。

すぐに3つの枠が埋まった場合は、4つ、5つと余白などにどんどん書いてみてください。それでは、どうぞ！

【ワークシート①】不思議な言葉をつくる

❶ 好きな名詞を1つ書き、残りの枠に自社や
自社の業務領域に関連する名詞を書いてください。

❷ 好きな名詞から思いつくことを自由に10個書いてください。

❷

好きな名詞から思いつくことを書いてみよう

❶

名詞を探して書いてみよう	

5分

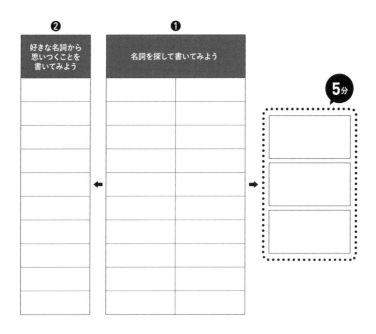

CROSS MEDIA GROUP

読者の皆さまへ

クロスメディア・パブリッシングの書籍を読んでいただきありがとうございます。

ビジネス書の出版社としてスタートしたクロスメディアグループは、メディアの多様化と社会・経済・技術のパラダイムシフトに応えるように事業を多角的に展開してきました。そして現在は、メディア・コンテンツの企画・制作で培った編集力を用いて、出版にとどまらず、人や企業、事業、そして社会を編集する仕事（編集4.0）を行っています。

ネットやスマホ、SNSの登場により、誰でも情報発信ができるようになりました。このような背景もあり、今後は情報の質や扱いが問われるようになり、編集された付加価値の高い情報を発信できることが、ビジネスでの個人や企業の競争力となるでしょう。

この時代の潮流に、私たちはMedia as a Service（MaaS：マース）というコンセプトを提唱し、人と企業の情報価値の最大化を全社を挙げて行っていきます。そして、「メディアを通じて人と企業の成長に寄与する事業を行い、社会に新しい価値を提供する」というビジョンの実現を通じて、企業価値と社会価値の向上に努めてまいります。

クロスメディアグループ株式会社
代表取締役
小早川幸一郎

〈ステップ2〉：不思議な言葉から想像を広げていく（制限時間8分）

不思議な言葉はできたでしょうか？　ここで、もしほかの人と一緒に取り組んでいる場合は、ステップ2に入る前にぜひ不思議な言葉をみなさんで共有しあってみてください。ほかの人のアイデアに触れることで刺激になり、また違ったアイデアが生まれることもありますのでオススメです。さて、共有が終わったところでステップ2に移るわけですが、まずはステップ1で考えた不思議な言葉の中から1つを選び、ワークシート②の一番上の枠「選んだ言葉」のところに書いてください。

その上で、ステップ2ではワークシート②のうちの3つの枠、

◎それは、どんなモノですか？　説明してください。
◎それは、どこで、どんなときに、どんな良いことがありますか？
◎それは、どこで、どんなときに、どんな悪いこと、または左で書いたこと以外のどんなことがありますか？

について、制限時間8分で書いていただきます。

どこから書きはじめてもOKですし、この段階では矛盾があっても大歓迎ですので、思いついたことは何でも書きとめておいてください。

質問にないことを思いついた場合も、ぜひ枠を気にせず(あるいは余白などに)書いてください。また、すぐに枠が埋まった場合も次のステップ❸には行かず、制限時間いっぱいまで「いいところがほかにないか?」「悪いところがほかにないか?」など、いろいろな切り口から考えつづけてみてください。

たとえば、年齢や立場、職業など、視点をいろいろと変えてみると、思わぬメリットやデメリットが見つかるかもしれません。

ほかにも、考えているものが仮に不思議な「物」であるならば、それは世界に1つだけの物なのか、出回っている物なのか。誰でも手に入れられるのか、そうではないのか。手に入るならどこで入手できるのか……など、より具体的にあれやこれやと考えてみてください。それでは、どうぞ!

【ワークシート②】想像を広げよう／短い物語にまとめよう

選んだ言葉

8分

それは、どんなモノですか？ 説明してください。空いたスペースにイラストで描いてもOKです。

↓

それは、どこで、どんなときに、どんな良いことがありますか？

それは、どこで、どんなときに、どんな悪いこと、または左で書いたこと以外のどんなことがありますか？

↓

上に書いたことをまとめてください。（出たもの全部を使わなくてもOKです。）

題名：

〈ステップ3〉：想像したことを短い物語にまとめる（制限時間15分）

いよいよ最後となるステップ3です。

制限時間15分で、ステップ2の内容を取捨選択しながらワークシート②の一番下の枠の中に作品を仕上げていただきます。

まとめ方に正解はありませんので、ぜひ自由に書いてください。

作品の題名も、不思議な言葉をそのまま使っても構いませんし、新しくつけ直しても構いません。

そしてもうひとつ補足として、内容を膨らませたい場合は膨らませてもOKです。そのことをもう少しご説明するために、次の「ⓐ」と「ⓑ」をご覧ください。

「ⓐ」はこの章のはじめに作品例として出ていた「タイヤ貯金」とまったく同じものですが、「ⓑ」はここで初めて出てきた、「ⓐ」と同じ内容で少し膨らませて書いたものです。

改めて「ⓐ」もお読みいただきつつ、特に「ⓑ」をご一読ください。

* * *

ⓐ：これまでの「タイヤ貯金」

カー用品店で、500円玉を投入しないと回転しないタイヤと出会った。500円玉貯金ができるというので遊び心で購入すると、運転するたびにお金が貯まる感覚が新鮮で、目標額の100万円の使い道に思いを馳せるのも楽しかった。しかし、手持ちに500円玉がなければ車を動かすことができなかったり、タイヤがジャラジャラいう音がうるさかったりし、次第にイライラが募ってくる。ついにはバールで叩いて衝動的に壊してしまうが、その壊れた部分の修理代は、貯まった500円玉ではまかなえなかった。

* * *

ⓑ：「ⓐ」を少し膨らませた「タイヤ貯金 ～ロングver.～」

「あなたも貯めよう！　タイヤで夢の100万円！」

あるときカー用品店を訪れると、そんな文言が目に入った。興味を引かれて店員にその詳細を尋ねてみると、店員は言った。

「ほら、ホイールの真ん中に穴が空いているでしょう？　そこから500円玉を入れるんですよ。そうするとロックが外れてタイヤが回転するようになるわけです。500円玉貯金のタイヤ版みたいなものですね」

おれは遊び心を刺激され、その妙なタイヤを試しにひとつだけ買ってみることにした。そしてさっそく車に装着してもらい、500円玉を投入してから家に帰った。

しばらくは、運転するたびにお金が貯まっていく感覚が新鮮で、貯まったお金の使い道に思いを馳せるのも楽しかった。

＊　　＊　　＊

が、エンジンを切るたびに施錠され、再び500円玉を投入しないといけないので、次第に面倒になってきた。500円玉が手元になく、同僚からお金を借りて恥もかいた。お金が貯まるにつれてタイヤ自体がジャラジャラいいだし、妻にうるさいと怒られた。

おれはついに我慢の限界がやってきて、あるとき衝動的に八つ当たりをしてしまった。バールでタイヤを強打したのだ。その結果、ホイールは割れ、ゴムは破裂し、大量の500円玉が辺りに飛び散ることとなった。

壊れた部分の修理代は、貯まった500円玉ではまかなえなかった。

＊　＊　＊

「ⓑ」のほうでは登場人物が設定されていたり、セリフが入っていたりしますが、たとえばこんなような感じでどんどん膨らませていっても大丈夫です。

ちなみに、膨らませる方法のひとつには、**自分自身に「それから？」「それから？」と次に起こることをどんどん質問していくというやり方があります。**

「それから？」と自分で自分に尋ねることで無理やり答えなければならない状況をつくりだし、強制的に展開をつくっていくことが可能になりますので、悩んだときにはお試しください。

内容が膨らんだ結果、ワークシート②の枠に収まりきらなくなった場合は、枠をはみだして裏などに書いたり、別の紙やパソコンなどに書いたりしてしまってＯＫです。

ただし最後に、この「ⓑ」の例を読んでしまうと、「ショートショートといえども、より長いほうがいいのか」「人物がいたりセリフがあったりしないとダメなのか」と思ってしまうかもしれません。が、まったくそんなことはなく、ぼく自身「ⓐ」のような作品もごくふつうに執筆します。

大切なのは分量についてもやはり自由ということで、短くなっても長くなってもまったく問題ありません。

ということで、改めてご自身の書きたい内容、分量の作品を、楽しみながら書いてみてください。それでは、どうぞ！

【ワークシート②】想像を広げよう／短い物語にまとめよう

選んだ言葉

それは、どんなモノですか？ 説明してください。空いたスペースにイラストで描いてもOKです。

↓

それは、どこで、どんなときに、
どんな良いことがありますか？

それは、どこで、どんなときに、どんな悪いこと、
または左で書いたこと以外のどんなことがありますか？

↓

15分

上に書いたことをまとめてください。（出たもの全部を使わなくてもOKです。）

題名：

idea 発表してみる

無事に作品はできたでしょうか？

ほかの人と一緒に取り組んでくださった場合は、できた作品を朗読や回し読みなどの形で発表しあってみてください。「こんな変な内容を発表したら笑われるかも」と思ったり、逆に「自分のはおもしろくないかも」と思ったりしても、臆せず発表していただきたいです。

また、発表を聞く側に回ったときは、ぜひ「いいですねぇ！」という全肯定の姿勢で耳を傾けてみてください。

そして、ほかの人の作品でいいなと思ったところや、直接的・間接的に思いついたアイデアなどは、ぜひ第2部に向けてメモを取っておいてください。

一人で取り組んでくださった場合も、ぜひ同僚や友人、家族などの周りの方に披露してみていただければと思います。素直な反応を見るためにいきなり披露してみるもよし、本書で述べてきたような事前情報を入れたうえで聞いてもらうのもよしです。いずれの場合も、相乗効果を得たり楽しむことを大切にしたりする観点から、空想をおもしろがってくれそうな相手を選ぶのがオススメです。

ということで、これにて第1部の執筆パートは終了です。

お疲れさまでした！

Ideas
from
Imagination

第4章

【ワークショップ】「ショートショート発想法」～読み解きパート～

この章では、ワークショップ「ショートショート発想法」の第2部「読み解きパート」の内容をご紹介します。この読み解きパートにメソッドはなく、第1部で執筆してもらったご自身の作品を読み解くためのイメージを具体例からつかんでいただくのが主題になります。

ふだんのワークショップの読み解きパートは田丸も加わり即興的な要素もはらみながら行っており、そして参加者のみなさんの興奮状態の脳が場の力でつながり合ってどんどん発想が連鎖していくのが醍醐味のひとつではあるのですが、少しでもヒントとなるようなエッセンスをお伝えできればと思います。

idea

読み解きパートの目的と進め方

読み解きパートの目的は、完成した作品に潜んでいる、ビジネスシーンで活用できそうなアイデアを探ることです。

すぐにでも実現に向けて動きたいと思える即戦力アイデアが生まれるに越したことはありませんが、そうではないものも含め、まずは**果物から果汁を搾りだすようなイメージで完成作品からできる限りのアイデアを抽出してみていただきたいと思います。**

その繰り返しによって生みだせるアイデアの精度は上がっていき、数を出すことできらめくものが混じってくる可能性も高くなっていくはずです。

もし同僚の方など周囲の人たちと取り組める場合は、みなさんでワイワイと話し合ってみていただきたいです。そうすることで、あるアイデアについて、それ自体は仮に不発なものになっていたとしても、そのアイデアに触れた誰かがインスパイヤされて別のアイデアを生んでくれる可能性があるからです。

実際のワークショップでは数十人が一堂に会して執筆・読み解きを行うことが多いのですが、ほかの人とのこの相乗効果はとても大きく、想像の連鎖が広がって思わぬアイデアが生まれたり作品同士が結びついてアイデアにつながったりする場面がよく見られます。ですので、今回もできる限り複数人で取り組んでいただくのがオススメです。

進め方については、一人で取り組んでいる場合はこのあとお伝えするような要領でご自身の作品からさっそくアイデアの抽出に取り掛かっていただければと思います。

複数人で取り組んでいる場合は、第1部の最後で行った発表を踏まえつつ最初に各作品から個人ワークでアイデアを抽出したのちに全員で共有しあうという方法や、はじめから全員、もしくはグループでブレスト的にアイデアをどんどん抽出していくという方法などがあります。

肝心の読み解きを行う上では、次のようなことを念頭に置いていただければと思います。

まず、第1部では荒唐無稽の度合いを気にせず執筆していただきましたが、この第2部ではビジネスシーンにおけるアイデアを考えるのが目的ですので、現実世界で実現が可能なものを考えるという意識で臨んでください。

ただ、現実に寄せすぎるあまり想像力にブレーキが掛かりすぎてしまい、出す案のどれもがすでにどこかに存在するようなものになってしまってはワークの意味が薄れてしまいます。

もちろんそういった案も恐れず共有していただきたく、そしてこのあたりの塩梅が簡単ではないわけなのですが、**「現実に寄せることを意識しつつも、第1部で感じた飛躍の感覚を大切にする」**という意識で取り組んでみてほしいと思います（余談ですが、この読み解きパートを執筆パートと切り離しているのは、第1部で執筆する際にあとで現実に寄せることがちらつきすぎて、想像力にブレーキが掛かってしまうのをなるべく防ぐためです）。

次に、考えるアイデアは現実に寄せることを意識しつつも、今の技術で実現できるものに限る必要はありません。

この点についても塩梅が難しいところではありますが、たとえばタイムマシンや反重力装置などの現時点では実現可能性がかなり低い技術を使うようなアイデアは基本的には含めないほうがよいであろう一方で、自動運転車やスマートコンタクトレンズなどの少し先の未来では実現の可能性がある技術を使うようなアイデアは含める方向がよいであろうと思われます。

ただ、このあたりは最終的にどんな成果物を望むかにもより、たとえば数年以内を見すえたアイデアを考えたいのか、あるいは数十年後や100年後を見すえたアイデアを考えたいのかなどによっても変わってきます。

さらに、実現できるかどうかについてはこの技術の面に加え、法や倫理の面などもどこまで考慮するかが深く関わってきます。その意味で、**読み解きにあたってはアイデアに求める条件を事前に簡単に整理しておくのがよいかと思います。**

一方、条件を絞りすぎると想像力のブレーキへとつながっていく懸念が増すため、注意は必要です。

このブレーキ問題をなるべく回避するためには、たとえば**アイデアを出すときの条件はゆるくしておき、出てきたアイデアをあとから条件に当てはめて整理していく**という方法があります。

加えてお伝えしたいのが、**考えるアイデアは自社や自分の業務領域にとらわれすぎないでほしい**ということです。

もちろんこの点についても求める成果物の種類によりはするのですが、業務領域というのは常に変わったり拡張していったりする可能性があるからというのが理由のひとつです。写真フィルムの会社だった富士フイルムが化粧品や医薬品などを手掛ける会社へと事業転換したように、みなさんの業務領域も今後大きく変わっていく可能性があるはずです。

もうひとつの理由が、一見すると自社や自分と関連がなさそうなアイデアでも、それに触れた誰かがインスパイヤされ、関連するアイデアへと昇華してくれる可能性があるからです。

逆に言えば自分がほかの方のアイデアに触れるときにも「いかに自社や自分の仕事に関連するアイデアに昇華するか」を意識してみていただければと思いますが、いずれにしてもとらわれすぎず、できるだけ幅広い視点で臨むようにしてみてください。

最後に、読んだ作品にインスパイヤされた結果、その作品自体にはまったく書かれていないようなアイデアを思いつくことも大歓迎です。

これはさまざまなアイデアを考えるというワークショップの目的からするとじつに当たり前のことではあるのですが、特に慣れないうち、かつほかの人と一緒にワークを行っていたりすると、「こんな関係ないことを話したら変じゃないか？」というブレーキが働いてしまう可能性は常にあります。

ですので、思いついたことは何でも書きとめ、まずは共有してみる、という姿勢を改めて意識しながら臨んでみてください。

それでは、いよいよここから読み解きの具体例をご紹介していきたいと思います。

idea 「タイヤ貯金」の読み解き例

本書では、第3章の最後に登場した拙作「タイヤ貯金　～ロングver.～」を読み解き、アイデアを考えていきたいと思います。作品を再掲します。

＊　＊　＊

「タイヤ貯金　～ロングver.～」

「あなたも貯めよう！　タイヤで夢の100万円！」

あるときカー用品店を訪れると、そんな文言が目に入った。興味を引かれて店員にその詳細を尋ねてみると、店員は言った。

「ほら、ホイールの真ん中に穴が空いているでしょう？　そこから500円玉を入れるんですよ。そうするとロックが外れてタイヤが回転するようになるわけです。500円玉貯金のタイヤ版みたいなものですね」

おれは遊び心を刺激され、その妙なタイヤを試しにひとつだけ買ってみることにした。そしてさっそく車に装着してもらい、５００円玉を投入してから家に帰った。

しばらくは、運転するたびにお金が貯まっていく感覚が新鮮で、貯まったお金の使い道に思いを馳せるのも楽しかった。

が、エンジンを切るたびに施錠され、再び５００円玉を投入しないといけないので、次第に面倒になってきた。５００円玉が手元になく、同僚からお金を借りて恥もかいた。お金が貯まるにつれてタイヤ自体がジャラジャラいいだし、妻にうるさいと怒られた。おれはついに我慢の限界がやってきて、あるとき衝動的に八つ当たりをしてしまった。バールでタイヤを強打したのだ。その結果、ホイールは割れ、ゴムは破裂し、大量の５００円玉が辺りに飛び散ることとなった。

壊れた部分の修理代は、貯まった５００円玉ではまかなえなかった。

＊　　＊　　＊

さて、読み解きの最初に行うのにオススメなのは、まずは**描かれている内容からストレートに考えてみる**ということです。

ここではたとえば、「本当にお金を入れて貯められるタイヤがあったら？」、または貯金とは切り離して「タイヤにも鍵がつくようになったら？」「タイヤを破壊してストレス発散ができたら？」などでしょうか。そして、これらをもとにどんどん想像を広げていって、アイデアを考えてみます。

まとめると、次のようなことを行っていくイメージです。ご自身で読み解きをされる際の参考になれば幸いです。

・描かれている内容からストレートにアイデアを考えてみる。
・そのままでは商品やサービスとしての魅力が弱そうな場合は、弱いと思われる部分を補ったり別のものと入れ替えたりしながらさらに考えを広げてみる。
・途中で連想したものがあれば、それと掛け合わせて考えてみる。

なお、今回は特に法の面はあまり考慮せずに考えを広げることにします。

それでは、ひとつずつ例を見ていきましょう。

idea

本当にお金を入れて貯められるタイヤがあったら？

まずはそのままストレートに、お金を入れて貯められるタイヤが実際にあったらどうだろうかというアイデアです。

ですが、硬貨の投入をロック解除の条件とまではせずとも、「そんなもの誰が欲しいんだ？」というのが正直なところかと思います。仮に硬貨を投入できて中に貯められるようなタイヤをつくったとしても、作品の中でも書いたようにジャラジャラとうるさそうですし、重たくなって燃費も悪くなりそうです。

この点、先述の通り読み解きパートではどんなアイデアもとりあえず出してみることからはじめていただきたく、その意味でこれはこれでれっきとした一案としておきたいと思います。その上で、ここでは抱いた疑問を足がかりにしてさらに考えを広げてみましょう。

ということで、貯められるのは硬貨ではなく、紙幣や電子マネーに限ったとしたらどうでしょうか。音や重さは気にならなくなるかもしれませんが、それならばお金を貯める場所も別にタイヤでなくともよさそうです。

そこで方向を少し変えて、そもそもタイヤではない、車のほかの場所にお金が貯められるとしたら、と考えてみます。コインホルダーのように簡単に出し入れができるような場所ではなく、貯金するために日頃はなかなか開けないような場所を考えてみて、たとえばハンドルあたりの投入口から硬貨を入れるとボンネットの奥にある貯金箱にお金が入っていくような仕組みならばどうでしょうか。

車両が多少は重くなることと、貯金というよりは隠し財産のようなニュアンスになって怪しい感じはするものの、ちょっとしたへそくりにはなるかもしれず、一応、一案としておきましょう。

加えて、貯金の目的をもう少し明確にしてもよいかもしれません。たとえば、子供の将来のためや、次の車を買い換えるときの軍資金にするためなどとするとモチベーションが上がりそうでしょうか。

その一方で、いまは銀行口座などと連携して自動で貯金できるアプリがあるくらいですので、貯金するという方向の場合はわざわざ車で行うことの利点や差別化ポイント、必然性などが求められそうです。

たとえばひとつは、車を通勤などで日常的に使う方を想定すると、生活動線の中にアナログな貯金箱が設置されるということに車であることの強みが生まれるかもしれません。その上で、制限や不便さがかえって利点に変わることがあるものですが、アプリで手軽に自動で貯金ができるこの時代において、たとえばこの貯金箱にはあえて500円玉しか投入できないようにしておくと、500円玉への思い入れが増して手に入るたびにラッキーだとうれしくなったりして、そこにアナログならではの楽しみが生まれていくかもしれません。

もしくは同じく車が生活動線にあることと貯金方法がアナログであることを活かす方向で、硬貨ではなく、車内に設置したリーダーに交通系ICカードをタッチすることで一定額が残額からリーダーに移行するという貯金システムの案もあるかもしれません。

チャージしたお金をさらに別のものにチャージするので少し滑稽なようではありますが、リーダーに移すときに音や振動などで「貯金している感」が気持ちよく演出されるとしたら、アプリでの自動貯金にはない身体性も相まって案外悪くない可能性もあります。

車である意味をさらに考えていく中で、最近は車のメーター部分のデジタル化が進み、全面がディスプレイになったりしているものがありますが、そのディスプレイで本格的なゲームができたらどうだろうとも考えました。

コントローラーはハンドルやウィンカー。ただし、プレイするにはアーケードゲームのようにコインを投入するか電子マネーをタッチする必要があり、それによって自分で自分に支払う形で自然と貯金されていくという具合です。

ゲームのような複雑なものでなくとも、昔喫茶店によくあった硬貨を入れるとおみくじが引けるおみくじ器のように、お金を入れるとディスプレイにおみくじや占いが表示されるというだけでもいいかもしれません。

いいえ、そもそも貯金にこだわらず、お金を投入したりせずともシンプルにディスプレイでゲームやおみくじ、占いなどができるようにするだけでもいいかもしれません。

ほかにも、自動車関連ではなくなりますが「貯金×アーケードゲーム」でさらに派生して、ゲームをすればするほどお金が貯まる、貯金のための家庭用アーケードゲームがあってもよいかもしれません。

はたまた「貯金×ゲーム」で派生して、課金型ゲーム風の貯金のためのソーシャルゲームがあればどうでしょうか。

ソーシャルゲームの課金は社会問題にもなっていますが、課金した全額、もしくは手数料を引いた額が一定期間後に引き出せるという仕組みのゲームがあれば、課金するほどお金が貯まり、「ゲームは課金から貯金の時代へ」とでもいわんばかりのものがつくれるかもしれません。

……というわけで、最後はもともとのアイデアからずいぶん離れたところまで来ましたが、ぼくはつらつらとこんなことを考えてみました。ほかの方向についても見ていきましょう。

idea

タイヤにも鍵がつくようになったら?

貯金の話とは切り離して、タイヤにも鍵がついて施錠できるようになったらどうだろうか、というアイデアです。

鍵が増えると面倒くささが増すなと思いつつ、盗難防止のための自動車用のタイヤロックがすでに販売されていますので、これからはタイヤにも鍵をかけなければ安心できない時代が来るかもしれません。

その鍵には物理的なもののほか、指紋認証や顔認証、パスワードなどで開錠する電子ロックもあり得るでしょうか。

もしくは、同じ物理的な鍵の中でも、タイヤのパーツの一部を複製困難なブロックのようなものにして、降車するときにそれを引き抜くことでタイヤが回転しなくなって施錠され、乗るときにはめて開錠とするようなものもあるかもしれません。

あるいはいっそタイヤを比較的簡単に取り外せるような仕組みにしておいて、駐車場では毎回タイヤそのものを引き抜いておくことがふつうになるかもしれません。

もしくはタイヤではなく、ハンドルなど別のものを引き抜く形で施錠とすることもできそうです。

もっとも、盗難グループは替えのタイヤやハンドルを持参してくるようになりそうで、いたちごっこになる可能性もありますが。

逆に、世の中の監視システムがどんどん広がり、盗まれても一瞬で犯人が捕まるようになれば、タイヤどころかドアにも鍵がついていない車がふつうになるかもしれません。

idea

タイヤを破壊してストレス発散ができたら？

同じく貯金とは切り離して、主人公がイライラをぶつけてタイヤを破壊してしまったという箇所に着目した、タイヤを破壊することでストレス発散ができるようなものがあったら、というアイデアです。

暴力的で眉をひそめそうになりつつも、部屋の中の物を自由に壊してOKというストレス発散系のサービスがありますので、一定の需要はあるかもしれません。その点、タイヤだけとはいわず、車全体を壊せるサービスがあったらどうでしょうか。

新車でやる場合の罪悪感はすごそうですが、だからこその快感もあるかもしれません。新車の調達については、スマホの頑丈さを証明するためにハンマーで叩いて壊そうとする映像を見たことがありますが、たとえば車の頑丈さを訴求したり測定したりする一環でメーカーに用意してもらえないものでしょうか（車への愛がないと怒られるかもしれませんが！）。

もしくはそこから派生して、車全体でもタイヤでもなくフロントガラスだけを叩きまくれるサービスというのもあるかもしれません。

利用者のストレス発散のみならず、やはり頑丈さを示すためのいい機会にもなる可能性があります。

同じ車全体を壊すという方向でも、新車ではなく、スクラップ工場で粉砕前の廃車を壊してOKというサービスであれば実現のハードルは低いかもしれません。通常の廃車には費用がかかることが多いですが、この破壊サービスに自分の車を提供することでサービスの利用者（車を壊したい人）の参加費の一部をもらえれば、廃車の費用にあてられるかもしれません。

また別の方向のストレス発散ではない文脈で、タイヤを叩いて壊すということからぼくが連想したのが結婚式での鏡開きです。たとえば納車のときに交通安全を願う儀式として、車のタイヤのホイール部分を木槌で軽く叩いたり、別で用意したタイヤ単体を叩いて壊したり（先に壊すことで実際に事故でそうならないようにという願いを込めて）、お酒を入れたタイヤ型の樽をつくってそれで鏡開きをしたりするなど、やりようによっては新しい文化を生むことができるかもしれません（車とお酒は飲酒運転を彷彿とさせるかもしれず、慎重にする必要はありますが）。

もうひとつ別の方向として、車を叩くイメージから連想したのがアルミニウムや銅を金槌で叩いてつくる打ち出し鍋です。

槌目がじつに美しい鍋ですが、車のボディがあの槌目のついた素材感むきだしのものになっていればかっこいいかもしれないなと思いました。職人さんが打ってくれるのか、はたまた自分でＤＩＹ的に全部、または一部を打つのか。

打ち出し鍋は実用性の観点から金槌で打っているわけなので車もわざわざそうする理由はいるかもしれないなと思いつつ、純粋なデザイン性だけ取り入れるのもありかもしれません。

本物の車でやるのが現実的でない場合は、そういったボディのミニカーをつくってみるだけでもおもしろいかもしれません。

そこからさらに派生して、ミニカーということからぼくが思いだしたのが、ランドセルの一部から記念用にミニランドセルをつくってくれるサービスです。

ぼく自身も子供の頃に乗っていた車が新車に変わるときにひどく寂しさを覚えたものですが、車を買い替えるときにそれまで乗っていた車のボディの一部を利用してミニカーをつくってくれるサービスがあったらうれしいなと思いました。

最後にもうひとつ、わざと車を壊すという方向で、縁石に乗り上げたり壁にこすったりするのを体験できるサービスがあってもよいかもしれないなと思いました。

ふだんは絶対にできないことをやれるストレス発散系のサービスという位置づけでもありかもしれませんし、自動車教習所などで体験して事故の感覚を養い、予防に役立ててもらうような位置づけでもありかもしれません。

あるいは、地震の揺れを体験できる地震体験車のような形で、安全な範囲内で衝突を体験して衝突の怖さを知ってもらうという啓蒙サービスも考えられるでしょうか。

さて、次に直接的には描かれていないものの、描かれている要素からインスパイヤされて間接的に考えてみたアイデアの例をご紹介します。

イメージとしては、読み解きの参考としてお伝えした項目のうちの「そのままでは商品やサービスとしての魅力が弱そうな場合は、弱いと思われる部分を補ったり別のものと入れ替えたりしながらさらに考えを広げてみる」というのを、いきなりどんどんやっていくような感覚です（そのため、以下の中にはここまでの読み解きの中で出てきていてもおかしくなかったようなものも混ざっています）。

それでは、例を見ていきましょう。

idea

お金が貯まるのではなく、お金がもらえたら？

シンプルに、車に乗ることでお金がもらえたらどうだろうという方向です。たとえば、エコ運転や無事故・無違反などで国や企業からキャッシュバックされたり下取り価格があがったりする仕組みがあればうれしいところです。

もしくは、罰金や保険料として支払われた金額の一部を国や企業が積み立てて、それを宝くじのような形で無事故・無違反のドライバーへ還元するような仕組みがあれば、喜ばれると同時に事故が少しは減るかもしれません（倫理や法の面などから実現のハードルは高そうですが、案までに）。

idea

走るとお金ではないものが貯まったら？

お金ではなく、走ることで別のものが貯まったらどうでしょうか。

たとえば、雨の日の歩行者は車の水はねに困らされますが、通ったところの水たまりの水を吸収してためられるようなタイヤがあれば、水はねもなくなり貯まった水も利用できてよさそうです。

あるいは、寄付の金額が貯まるという方向で、タイヤが一回転するごとに（＝走行距離が長くなればなるほど）環境問題に取り組む機関への寄付が自動でされたり、植樹されたりするとどうでしょうか。

環境税のようなものかもしれませんが、たとえばそんな制度を国ではなく自動車会社や車のブランドが独自で導入したら、その車に乗っていることが環境に配慮していることを示すステータスにもなり、積極的に選択されるようになるかもしれません。ここ数年で世界的にも環境に配慮した企業やブランドが熱く支持されるようになってきていますが、特に高価格帯のハイブランドの車でこのような施策を行うことには意味がある可能性があります。

idea

自動車×お金で考えたら？

ここまで自動車とお金に関していろいろと考えを広げるうちに、元ネタのお話からは離れたところで以下のようなことも考えました。

たとえば、最近のタクシーでは動画広告が流れていることが多いですが、シェアカーにもスポンサーがついて、乗車時や停車時、降車時などに長尺の広告が流れる代わりに安い価格で乗れるというのはどうでしょうか。広告は、プレミアムプランに加入するとスキップできるという具合です。

または、課金という方向で、高速道路で追越車線を走行するには課金が必要というようにするのはどうでしょうか。

経済力が移動スピードに直結するとなると格差の広がりが懸念されますが、交通事情が少しは改善する可能性があります。

もしくは、追越車線を走る場合にはお金を払わなければならない一方で、通常の走行車線を走る場合にはお金やポイントをもらえるようにすれば、制度の設計次第ではうまく機能するかもしれません。

以上、さまざまな方向でアイデアを考えてみましたが、中には抵抗感や嫌悪感を覚えるものもあろうかと思います。

その点、みなさんが実際に取り組まれる中でも自分のアイデアやほかの人のアイデアに対して同様の気持ちを抱くことがあるかもしれず、自分の考えたものであればほかの人へ披露する前にみずから消してしまったり、ほかの人の考えたものであれば反射的に否定的な意見を述べそうになってしまったりするかもしれません。が、まずは披露してみる、受け入れてみるという姿勢で臨んでみていただきたいです。

その上で、抵抗感や嫌悪感を覚えた場合は、次の動作としてその理由をぜひ言語化してみてください。

それによって、もし自分が単に常識や思いこみにとらわれていただけだと分かったようなときは、すぐに考え方の軌道修正を試みていただければと思います。

もうひとつ、考えたアイデアの中にはすでに関係者が検討済みで却下された過去があるものもあるかもしれませんが、いまの時代だからこそ光る可能性もありますので、まずは改めて向き合ってみていただくのがよいかと思います。

また、調べてみると似たような先行事例が見つかることもあるはずですが、そんなときも即座に案を捨てるのではなく、自社や自分だからこそ提供できるオリジナリティーはないかなどをぜひ検討してみてください。

idea 読み解き後の整理とブラッシュアップ

通常の「ショートショート発想法」のワークショップには含まれませんが、読み解きによって生みだしたアイデアは必要に応じてさらにブラッシュアップしてみるのもよいかと思います。

たとえば、その商品やサービスはどんな人に向けたものなのか、どんな課題を解決できる可能性があるのか、どんな技術が必要か、などを改めて考えながらシートにまとめてみたりしつつ、アイデアの強度を高めていってみてください。

また、その前後で、出そろったアイデアを種類や方向性などによって分類・整理したり、評価項目を設けて関係者で投票しあってみたりするのもよいかと思います。

さらには、生まれたアイデアを再び物語の形にして考えを深めていくのもオススメです。新しい商品・サービスの開発プロセスにおける物語の活用法としては、第2章の「空想やアイデアを物語にするということ」の項目で述べた「アイデアを物語にする」というものがそれにあたります。

その書き方にはもちろん正解などなく、どうか自由に書いていただきたいですが、もし書き方に迷われた場合は第3章でご紹介した「ワークシート②」あたりを活用してみていただければと思います。

最後に釈迦に説法ながら、**アイデアが生まれたあとにもっとも重要になるのは、言うまでもなく実現に向けて具体的に動きだす**ということです。

新しいことをはじめるにはたくさんのハードルがあろうかと思いますが、この「ショートショート発想法」から素敵な未来が切り拓かれていくことを心の底から願っています。

第5章
ショートショートをさらに活用するために

この章では、第3章、第4章で体験していただいた「ショートショート発想法」をより活用するために、振り返りと補足などについてお伝えしていければと思います。ワークショップにも、さまざまなオプションやアレンジの仕方があります。また、一回書いただけで終わらせるのはあまりにもったいなく、本章では書きつづける意味やほかの発想法もご紹介していきます。

idea

ワークショップのオプションと、その他の活用法

まず、通常のワークショップでは、オプションとして後日、参加者の方の作品を簡単な冊子や本の形にまとめてお渡ししたり、同じくオプションとしてイラストレーターの方にお願いをしてみなさんの作品にイラストを描いてもらったりすることもあります。

活字になったりイラストがついたりするとまた違った刺激が生まれるようで、ワークショップの体験がさらに特別なものになると同時に、それらをもとに改めてみなさんで活発な議論を繰り広げられている現場を何度も目撃しており、オススメをしています。

また、成果物について、社内のみならず社外への発信に活用されるような場合もあります。

会社の関連イベントで展示したり、WEBで発信したりといった具合です。

せっかく生まれた物語、ぜひいろいろな形で活用してみてください。

その他、今回ご紹介したワークショップ自体も、新商品やサービスを考えることに加えていろいろと活用することができます。

たとえば、伝える力を磨くことや、社員同士のコミュニケーションを図ることに活かしたり。あるいは、ワークショップで生まれた物語から潜在的に関係者が感じていることや本音を抽出して研究開発に活かしたり、自分たちがこれから掲げるべきビジョンの策定に活かしたり。


このワークショップ自体も、さまざまに活用してみていただければうれしいです。

idea

空想力やアイデア力、物語力は、どんどん伸ばせる

第1部の執筆パートにおいてほかの人の作品に触れたりする中で、もしかすると「自分の作品はおもしろくないかも」「自分には才能がないかも」などと感じてしまった方もいらっしゃるかもしれません。

ですが、**お伝えしたいのは、まずは自信を持っていただきたいということ。**そして、たとえ1回目でうまく書けなかったとしても一切気にする必要はないということです。特に後者について、肝心なのは1作目で見切りをつけず、ほかの人の作品でいいなと思った点や自分の中での課題点などをもとに2回目、3回目と継続して書いていくことです。

そうすることで、空想力やアイデア力、物語力はどんどん伸びます。

ぼく自身も、昔の自分だと思いつけていないだろうな、書けていないだろうな、と感じる場面は今もよくあり、空想できる領域、アイデアを考えられる領域、物語を書ける領域は広がりつづけています。なので、**たった1回で自分の力を低いほうに見積もらず、ぜひ継続していただきたいと願っています。**

また、初めてのことに恐る恐るという感じになったり、無意識のうちに見え方を気にしたりして、ついつい自分でブレーキを踏んでしまった方もいらっしゃるかと思います。そんな方も継続することでブレーキを踏まなくなっていき、やがてはアクセル全開で走れるようになります。

もっと言うと、**ブレーキとアクセルが自在に操れるようになり、たとえばアイデアの荒唐無稽の度合いなども調整できるようになっていきます**ので、その意味でもつづけていただきたいなと思っています。

ちなみに、過去の一般向けの書き方講座の参加者の中に文章を書くのが苦手だというアート系の活動をされている方がいらっしゃったのですが、その方は講座を通じて執筆に目覚め、それ以来ご自身の活動とも絡めながら毎日のようにショートショートを数年書きつづけ、ついには文章の書き方に関する本を出版されてしまいました。

この例はレアケースかもしれませんが、継続の大切さをしみじみ感じた印象的な出来事でした。


もうひとつ、ぼくが開催している一般向けの書き方講座のうち、単発ではなく連続で受けていただくものには「アイデアセッション」という回があります。

ブレスト形式でみなさんと一緒にアイデアをワイワイ出し合うというものなのですが、参加者の方はやればやるほど自由になり、視野がどんどん広がっていきます。

本書でも繰り返しお伝えしてきたことではありますが、ビジネスパーソンの方々も空想を個人でとどめるのみならず、ぜひ周りのみなさんと共有しあい、磨き合っていっていただきたいなと願っています。

idea

執筆パートのステップ❶では何が行われていたか？

執筆パートのステップ❶では、言葉と言葉を組み合わせて「不思議な言葉」をつくることを行いましたが、あのワークで何が行われていたのかについての補足です。

アイデアとは既存の要素の新しい組み合わせだと言ったのはジェームス・W・ヤング氏ですが、ほかにもさまざまな方が既存の要素の組み合わせ、特に「言葉」の組み合わせ・掛け合わせによってアイデアを生む方法を提唱しており、メソッドになっているものや、ウェブサービスやアプリになっているものなども多くあります。

そんな中、このメソッドの中でも初めに言葉の組み合わせを行ったわけなのですが、その組み合わせ方に、ほかとは違うひねりを加えました。

具体的には、たとえば「お金がかかるタイヤ」という不思議な言葉は、もとをたどれば「タイヤ」と「ゴルフ」という2つの要素を組み合わせたものにほかなりません。

慣れてくれば、この「タイヤ」と「ゴルフ」という要素から、すぐに「お金がかかるタイヤ」というイメージへと飛べたりするようになるのですが、いきなりやるのはかなり難しいと思います。

そこで、要素の片方だけを分解して（ここでは「ゴルフ」を「お金がかかる」という要素に分解）、もともとの言葉からは少し離れる代わりに言葉を組み合わせる作業をやりやすくしたというのが、このメソッドのエッセンスというわけでした。

idea

アレンジ版のワークショップ

本書でご紹介した方法では「自社や、自社の業務領域」という少し広めのテーマで作品を執筆いただきましたが、場合によってはテーマをもう少し絞りたいということがあるかと思います。

そんなときは、「ワークシート①」で書きだす名詞にさらに制限を設けたり、もしくは主催側があらかじめ名詞を記入しておいたりという方法があります。

また、さらに具体的なお題を設定したいということもあるかと思い、ぼく自身も実際にそのようなアレンジ版のワークショップも多数開催してきています。

その一例が特定の技術をお題にするというもので、たとえば研究中の最新技術のことを適宜契約を結びつつ共有いただき、その技術が実現した未来の物語をチームのみなさんなどに執筆してもらうということを行っています。

そんなときは、執筆パートでご紹介した3つのステップのうち、主にステップ❶の「不思議な言葉をつくる」をお題に合わせて別途こちらで設計することとなります。

その上で、たとえば仮に「音に色がつけられる技術」がお題だとして、参加者のみなさんには用意した方法によって「人の声に色がつくようになったら?」「マンションの上の階からの足音に色がついたら?」などのようなお話の種となるアイデアを考えていただき、そこから物語を執筆していってもらうというようなイメージです。


アレンジ版のワークショップの別の例として、ステップ❶で不思議な言葉をつくるときの方法にアレンジを加える場合もあります。

たとえば、富士通デザインセンターが「ヒトの、変わらないもの、変わるものについて考える」というコンセプトのもと立ち上げたプロジェクト「ふヘンなみらい」の一環でワークショップを開催させていただいた際には、メンバーのみなさんが考案された未来の種を考えるためのフレームも踏まえながらステップ❶をアレンジし、そうして生まれた「温暖化の影響で地下につくられた公園」「ヘルステックで悪い雰囲気を改善してくれる、よどんだ空気清掃業」などの未来の種から物語へと仕上げていってもらいました。

ちなみに、その富士通のみなさんからはワークショップ後にこんなお声をいただきました。

・私たちはよく、新しいサービスを検討する際に、未来を描くシナリオを4コマ形式で表現するのですが、そのフレームワークを使うと無条件に「明るい未来」になりがちなことに疑問を感じていたんです。未来は明るいに越したことはないけど、それだけじゃないはずだよね……と。ショートショートは、ユートピアとディストピア、その両面を併せ持った世界を描くことができるし、しかも4コマとは違い物語の中に自分の経験を重ねられる余地があるせいか、内容がすごく頭に残るし、誰かと語り合いたくなる。すごい表現方法だと思いました。

・「文字の力」を再認識しました。文字を追いかけるからこそ、感情移入もできるし、そこに書かれたディテールを追うこともできる。それに、日常会話では話題にしにくいセンシティブなテーマも、「物語の感想」としてならコメントしやすいですしね。対話の中で、自分の価値観を自然に発信することができる。実際、社内でワークショップをやったときに、メンバーの様子からそんなことを感じました。

・今回、社内でショートショート創作のワークショップを複数回行う中で、「書きたい」とか「表現したい」という想いを持つメンバーが思いの外、多くいることに気づきました。これまで、「表現」や「創造」に関わる領域は、基本的に社内の特定部署だけが担ってきましたが、それ以外の部署のメンバーにも発信してもらう機会をつくることで、新しい「種」を集めやすくなる。そんな手応えがあります。

・私たちが所属するデザインセンター内では、「サービスデザインの手法としてショートショートの創作はとてもいいね」と専らの評判です。自分で多少アレンジしながら実務で使っているメンバーがいたり、さらにほかのメンバーに紹介してくれたりという動きもあって、私たちが思い描いていた以上に、メンバーの行動に良い影響をもたらすことができていると感じます。

（WEB記事「ふへンなみらい 第2回 ショートショート作家・田丸雅智さんとクロストーク！物語を書き出すことの楽しさ、そして生まれるもの【前編】掲載日 2021年11月18日」より引用）

本当にありがたい限りで、ショートショートの輪がさらに広まっていくことを願っています。

idea 田丸によるアイデア提供や作品執筆について

企業向けの活動はワークショップ以外にも多々あり、たとえば田丸によるアイデア提供を行わせていただくこともあります。

第2章の読み解きパートのような形で、テーマやお題に対してブレスト形式でどんどんアイデアを出していくというようなイメージです。

また、ワークショップとセット、もしくは単体で、田丸自身が作品を執筆させていただくことも多くあります。

商品やサービスなどのプロモーション文脈での作品提供に加え、たとえば先述の富士通のプロジェクト「ふヘンな未来」では未来の光景を描きだす試みとして、メンバーのみなさんが考案された「よどんだ空気清掃業」のような未来の種からぼくも作品を執筆させていただきました。

ほかにも、研究中の最新技術の情報を共有いただき、その技術が実現したときの活用法のアイデアを考えるとともに、そのアイデアの中から実際にぼくが作品を執筆してご提供するということも行っています。

そんな研究開発文脈でのご依頼の背景には、現場の方々のこんなお悩みがあるようです。

・手元にファクトはあるものの、自分の研究に血の通った感じがしない。
・いまの研究がどう未来で役に立つのか、実感を持ちにくい。
・研究が実現すれば多分野に応用できそうに感じているものの、どんな応用ができそうかの具体的なアイデアが、既存の自分たちの仕事領域にとどまってしまう。

これらに対して少しでもお役に立てればと、深くお話ししながらアイデアや作品を提供させていただいています。

田丸による作品提供の流れ

もうひとつ別のケースとして、デンソーとのプロジェクトでは『未来製作所』という一冊の本を出版しました。これは「未来の移動やモビリティ」というテーマのもと、田丸も含めた5名の作家がデンソーの最先端の技術やモノづくりの現場を取材したのちに作品を執筆、本にするという企画で、ぼくは自作の執筆とともに企画の総合プロデューサーを務めさせていただきました。『未来製作所』は翻訳された上で韓国でも出版されています。

idea

「類似ビジュアル発想法」「トラブル発想法」「違和感発想法」のご紹介

最後に、本書でご紹介した発想法はあくまでひとつの例であることを、再度お伝えできればと思います。もちろん本書の方法は胸を張ってオススメでき、そのまま使っていただけるのもうれしい限りなのですが、ここから使いやすいようにアレンジしたり、別の方法も探ってみたりしていただけるとうれしく思っています。

ぼくもふだんの執筆においては言葉と言葉を組み合わせて考えることもありつつ、ほかにもさまざまな方法を駆使してアイデアを考えています。

少しだけご紹介すると、ひとつが**「類似ビジュアル発想法」**です。これは見た目の似た2つのもの同士を組み合わせて発想するというものなのですが、たとえば拙作「差し歯」(『ショートショート・マルシェ』収録)の執筆にあたっては、見た目の似た

「歯」と「トウモロコシの粒」に着目しました。

そして、差し歯の代わりに歯に差すことができる新種のトウモロコシがあったらどうだろうと考えていき、虫歯になった主人公が歯医者でその新しい差し歯を勧められるという一作へと仕上げました。

あるいは、**「トラブル発想法」**というものもあります。

これは現実世界で起こった実際のトラブルやハプニング、ミスやエラーなどをもとに、それが起こった架空の理由やそのあとの架空の展開を考えるという方法です。

一例を挙げれば、ぼくは以前、居酒屋の前に集まっていた飲み会の帰り際と思われる人たちが、会の参加者なのであろう白石という人の姿を探して「白石ぃー？　白石ぃー？」とお店の前で声をあげている場面に遭遇しました。

「いるはずの人がいない」というあるあるですが、そこからぼくは架空の展開に思いを馳せて、もしもその人たちの前に「ここにいますよ」と白石を名乗るまったく別の人物が現れたらどうだろうと考えました。

さらに、主人公以外の全員はその人物を本物の白石だとなぜだか認識していて、主人公だけが置いてけぼりにされる状況に陥ったら怖いなと考え、そのまま拙作「白石」(『夢巻』収録)という一作へとつながっていきました。

または、日常の中で覚えた違和感から考える「**違和感発想法**」というものもあり、自作から例を挙げると「世にも奇妙な物語」でテレビドラマ化もしていただいた拙作「大根侍」(『夢巻』収録)がそれにあたります。

本作は、大根を刀のように使って本当に物を斬ることができてしまう妙な侍にまつわる話なのですが、お話の冒頭では主人公が街中で大根を腰に差したその大根侍とたまたま出会うところからはじまります。

このアイデアの発端は、かつて実際にぼくが新宿を歩いていたときに大根を素手で持った人を見かけたことにありました。その、大根を素手で持つ人と新宿という大都会のイメージとのギャップに強烈な違和感を覚え、後日そこから「なぜあの人は大根を素手で持っていたのだろう?」と考え、「あれは大根を武器に戦える侍だったのでは?」と架空の理由を考え作品ができていきました。

ちなみに、これに関連してもうひとつお伝えしたいのが、**アイデアの種は「ここではないどこか」にあるのではなく、今ここ、ありふれた日常の中にいくらでも転がっているということです。**大事なのはそれをいかにキャッチするかで、ビジネスでも似たような側面があるのではないでしょうか。

ショートショートに親しむようになると、日常の中に転がっているアイデアの種に気がつきやすくなります。その感覚をぜひビジネスにも接続していっていただき、空想力を発揮しながら新しいビジネスの種を生みだしていっていただければと願っています。

話を戻すと、第2章でも述べたように、ぼくのさまざまな発想法は最初から持ち合わせていたわけではなく、たまたま思いついたことを受けてあとから言語化し、発想法として手札に加えてきたものです。

みなさんも、ぜひ本書をきっかけにご自身なりの発想法をあれこれ模索してみていただければ本望です。

第6章

【特別対談】全員に反対されるアイデアから、イノベーションは生まれる

田丸雅智×入山章栄

本章では、早稲田大学大学院（ビジネススクール）教授、入山さんとの対談を収録しました。元々、入山さんはイノベーションを生みだすためには妄想や空想が重要だと考えていらっしゃいます。今回は、ショートショート発想法も体験していただきながら、空想の魅力や日本企業に与える影響について話し合いました。

入山章栄さんプロフィール

早稲田大学大学院（ビジネススクール）教授。慶應義塾大学経済学部卒業。三菱総合研究所などを経て、2008年に米ピッツバーグ大学経営学大学院よりPh.Dを取得。同年より、米ニューヨーク州立大学バッファロー校ビジネススクール助教授。

2019年から現職。国際的な主要経営学術誌に論文を発表しているほか、経済・ビジネス関係のメディアでも積極的に情報発信をしている。主な著書に『世界標準の経営理論』（ダイヤモンド社）。

イーロン・マスクのビジネスは「物理学の知識」×「妄想力」から生まれた

田丸「入山さんはすでにご存じだと思いますが、ぼくは『未来を切り拓くには、今の現実からロジカルに積み上げて考えるよりも、飛躍した空想や妄想こそが大切なんじゃないか』という考えで、企業向けのワークショップを行っています。

個人的には、日本企業の多くはまだまだ空想や妄想の力を十分に活用できていないように感じます。それはあまりにもったいないのではないかと、そんな現状が少しでも変わっていけばいいなと思いながら活動しています」

入山「田丸さんがおっしゃる『空想しましょう、妄想しましょう』というのには、僕は100％賛成です。だから、ここに呼んでくださったのだと思いますが（笑）」

田丸「ありがとうございます。世界最先端の経営理論に精通している入山さんにお話をうかがえるのは、とても楽しみです。今回はよろしくお願いします」

入山「先ほど『日本企業は、空想や妄想の力を十分に活用できていない』という話がありましたが、**もうこれからは妄想の時代だ**、と僕は思っています。結局、妄想が大事なんです。**『未来へのある意味でぶっとんだ妄想』と『現実』が結び付くことでしか、未来へのイノベーションは起こせないからです**」

田丸「すでに、世の中では妄想を軸にしたビジネスが際立ってきているということですか？」

入山「はい。典型はイーロン・マスクですね。テスラやスペースXなど彼が型破りのビジネスを成功させているのは誰もが認知していますよね。では、彼の何がすごいと思いますか？　天才的な発想力の持ち主で、IQも高く戦略家だから、電気自動車やロケット開発をビジネスとして成功させているのでしょうか。もちろんそういう側面もあるかもしれませんが、僕の理解は少し違います。

これには昔、某大手電機系の会社で『伝説』と呼ばれているスーパーな研究者の方とお話ししたときのエピソードがあります。そこでその方がおっしゃっていたのは、『イーロン・マスクがなんですごいかというと、俺からみると、彼は物理の根本がわかっている』という話でした。『彼は、ただのエンジニアじゃない。技術的にできるかどうかを考えてビジネスを発想しているのではなく、物理の法則や原理から考えて、人類の未来に影響を及ぼすために必要なことをビジネスにつなげている』とおっしゃるんですよ。テスラもスペースXもスタートは物理の思考です。先ほどお話しした超絶に『現実』的な法則から始まっているのです。テスラは地球全体の環境保護のために、スペースXは人類の生活圏を拡げるための火星移住を実現しようとして設立されました。他方でどちらも、根底にあるのはイーロン・マスクの物理への理解です。

一方で、イーロン・マスクは、アニメやゲームが好きで、読書家でもあります。中でも日本のアニメは大好きで、たとえば『攻殻機動隊』のファンであると公言していますし、幼い頃からSF小説やSF映画も大好き。なにが言いたいかというと、『火星移住を実現させよう、そのためにはロケット開発だ』というぶっ飛んだ発想は、**イーロン・マスクの頭の中の『空想・妄想』なしでは生み出せなかったものであり、人類の未来に想いをはせた結果**でもあるということです。だから、イーロン・マスクのすごいところのひとつに、単に物理やビジネスの知識を持っていることだけでなく、アニメや小説好きで、そこから着想した空想・妄想にたどり着くための知識とが両立しているということが言えるのではないでしょうか。

イーロン・マスクをはじめ、実は今このような流れがきていて、まさに空想・妄想が必要な時代がおとずれていると、僕は考えています」

田丸「ここ数年、SF的な考え方も世界的に脚光を浴びはじめていますよね」

入山「デザインシンキングで有名なBIOTOPE代表の佐宗邦威《さそうくにたけ》くんという友人がいます。彼は常に妄想力が大事だと言って『直感と理論をつなぐ思考法』という本も出しています。ベストセラーになっていますね。

　ほかにも、日本屈指の経営者である日本電産の永守重信《ながもりしげのぶ》さんは、何年か前に対談させていただいたときに、『マイドローンの時代が来る』とおっしゃっていました。『いつかは人類は一家に一台自家用ドローンを持つ時代が来る。ドローンには必ずモーターがある。日本電産は今、世界のモーターの8割を製造しているわけだから、そういう時代になれば当社の事業は絶対にもっと伸びるはずだ』と。やっぱり、妄想力なんですよね」

「知の探索」が妄想力を育てる。そのために必要なのは「未来への腹落ち」

田丸「入山さんは経営学的にみて、変化が激しい現代のビジネスには空想や妄想が重要と感じていらっしゃるわけですね。問題は、どうやったら空想力や妄想力を持てるかということですね」

入山「おっしゃる通りです。僕はよくイノベーションを起こすためには『**両利きの経営**』が必要だと言っています。両利きとは、『知の深化』と『知の探索』のことを指しますが、これは経営学の基本原理として世界的に知られています。

詳しくは拙著『世界標準の経営理論』を読んでいただきたいのですが、**イノベーションの第一歩は、既存の知（すでに安定している事業や製品）と遠くの既存の知を組み合わせて、新しいアイデアを生むことです。**目の前の現実から遠く離れた知を見ることが大事で、これを知の探索と言います。

新しいアイデアを見つけてそれが有望そうだったら、それを深掘りしていくことが知の深化です。『探索』は簡単そうに思えるのですが、現在の事業を進めながら幅広く遠くのものを見るのは、実際には大変な作業です。なので、多くの企業は知の深化の方に偏ってしまう傾向があるのです。だから長い目で見ると、会社はイノベーティブでなくなり、新しいことができなくなり、やがてジリ貧になるのです。では、知の探索を促すためにはどうしたらよいか？

そこで有効なのが、**『センスメイキング理論』**です。これは、端的にいうと**腹落ちの理論**です。予測不可能な状況に直面しやすい今の時代は、『正確性』より『納得性』が重要です。要するに、みんなの腹に落ちていることが大事と言えます。正確でなくても、遠い未来に実現したいことが腹に落ちていれば、知の探索は続けられるものです。

ところが、多くの企業は遠い未来への腹落ちがない。2〜3年先までの正確そうな事業計画はあるのですが、遠い未来への方向性の腹落ちがないのです。そうすると、遠い未来をつくるための探索がなかなか続かず、目の前にあるビジネスのレベルアップだけを目指すような深化・効率化にばかり偏ってしまいます」

田丸「イーロン・マスクは、人類を救いたい、火星に移住できれば人類を救えると本気で思っている。自分が思い描く未来に、自分自身で腹落ちしている。だからスペースXが生まれたんですね」

入山「はい。未来への腹落ちが重要なんです。それともうひとつあって。各務太郎《かがみたろう》くんという、佐宗くんと同じくデザインシンキングで有名な方がいるのですが、以前対談をしたときに面白いことを言っていました。

『最近、問題・課題発見人材が必要だとよく言われています。AIの時代なので、解決法はすぐ見つかる。だから課題を見つける方がより大事なんです』と。まあ、これは最近よく言われていることですね。そこで僕が『じゃあ、課題はどうやったら見つかると思う?』と聞いてみると各務くんは「簡単ですよ。課題とは、願望と現状のギャップです』と言うわけです」

田丸「なるほど!」

入山「まずは、未来への願望・妄想があるわけです。願望・妄想がないと、課題って見つからないんですよね。それと現実のギャップが課題だから。たとえば、イーロン・マスクの願望は『人類を救いたい』なんですよ。だから、

・人類を救いたい（願望）
・人類を救うためには火星に人を送ろう（ぶっ飛んだ妄想）
・人類はほんの少しの人しか宇宙に行けていない。しかも月にさえほぼ行けていない。火星に人を運ぶためには、今の状況とのギャップはこのくらいある。火星に行くにはどうしたらいいだろう？（願望と現状のギャップを確認）
・ロケットを造って、まずは月に行って、基地を造って……（課題を抽出）

という思考になってくる。知の探索をすると、遠くが見えるから妄想が膨らむ。妄想をしながら知の探索を続けるためには、やはり腹落ちできる未来への願望を持つことです。逆に妄想するから、腹落ちできる未来を描ける側面もあ

ります。こうやって考えてみると、世の中を変えるようなぶっ飛んだ願望がどうやって生み出されるかというと、それは妄想とその腹落ちがないとムリなんですよね」

田丸「たしかにそうですね」

入山「話を『問題は、どうやったら妄想力を持てるか?』に戻すと、こたえは『**腹落ちする未来への願望を持つこと**』です。そしてさらにそれを『**言語化すること**』だと僕は考えています」

idea 日本を変える三大理論とは？

田丸「言語化はぼくも日頃から大切にしていることです。願望も言葉にすることで、強まったり客観的に把握できたりするようになりますよね。人に伝えられるようにもなりますし」

入山「そうですよね。僕のこの考えのもとになっているのは、世界的にも有名な野中《のなか》郁次郎《いくじろう》さんの『**知識創造理論**』です。『**SECI《セキ》モデル**』とも呼ばれていて、暗黙知と形式知を往復することで人は新しい知を生みだす、という理論です。実は、僕は『これからは野中理論の時代だ』とあちこちで言っています」

【参考　SECIモデルとは】
①**共同化**……体験を共有し、暗黙知を伝える（暗黙知から暗黙知へ）
②**表出化**……暗黙知を文章にまとめるなど、言葉に落としこみ形式知化する（暗

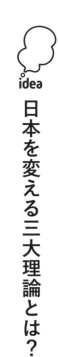

黙知から形式知へ）
③連結化……ほかの形式知と結合し、知識体系をつくる（形式知から形式知へ）
④内面化……個々の内面に、次につながる暗黙知が育つ（形式知から暗黙知へ）

SECIモデルによる開発サイクル

①**共同化** 職人の修業で、弟子が師匠と共に作業したり、やり方を見て学ぶ。見よう見まねで覚える。
②**表出化** 経験により得たやり方やコツを言語に落とし込み、マニュアル化する。
③**連結化**「表出化」で作ったマニュアルやプロセスを、ほかのグループが作った別の作業の手引などと比較したり合わせたりすることにより包括的なものにする。
④**内面化**「表出化」と「連結化」でまとまったノウハウを実践していくうちに、新たなコツやノウハウが生まれていく。これが、のちに「共同化」によってまたほかの人に伝わっていくサイクルができる。

『センスメイキング理論』『両利きの経営』『SECIモデル』

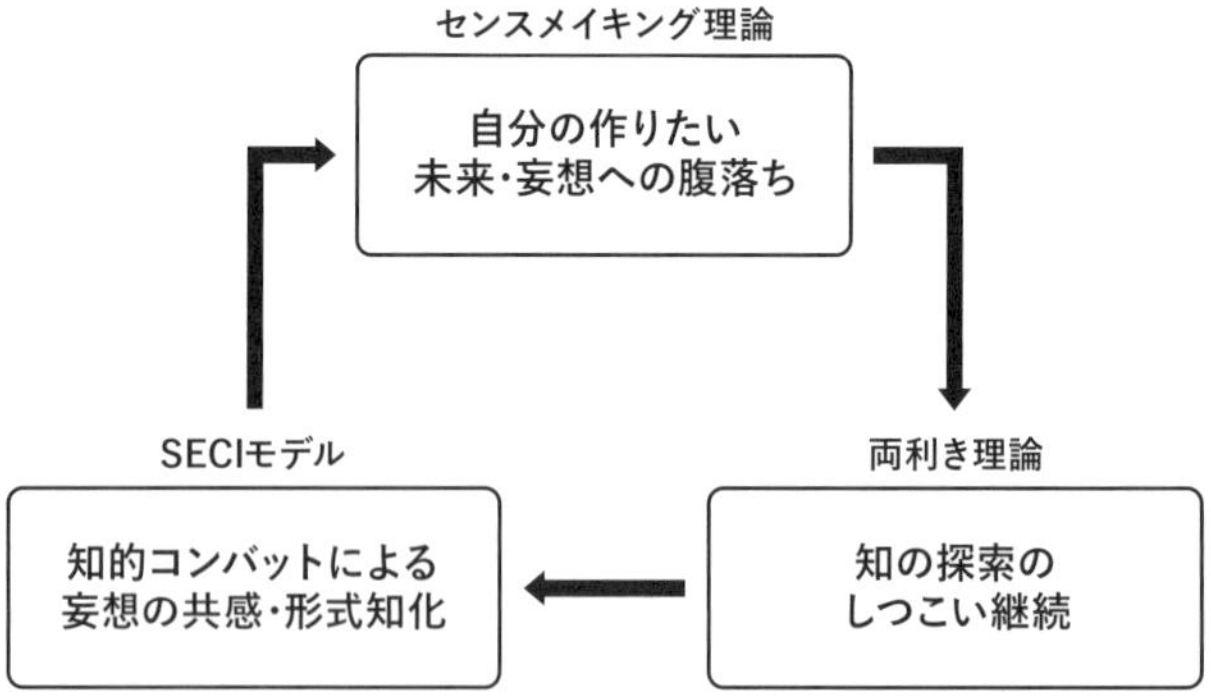

入山「ここまでご紹介した**『両利きの経営』『センスメイキング理論』『SECIモデル』はこれからの日本を変える三大理論だと思っています。**図にすると上記のような関係になります。

これからは、とにかく知の探索をしないといけない、知の探索をするには妄想して未来に腹落ちしないといけない、妄想する未来に腹落ちするためにはそれを言語化するしかない、ということです。この理論に当てはめると、知の探索を続けている人は、自分の暗黙知（言語で表現しにくい経験値、直感やひらめきなど）も形式知（マニュアルや理論モデル）も豊かになります。遠くをいっぱいみていますからね。暗黙知も形式知も豊かになるから、よりよい形式知化ができるし、腹落ちする未来をより遠くにつくることができ、さらに知の探索は終わることなく続き、循環し続けます。

そして、個々が妄想力を高めるために知の探索を続けることはもちろん大切なのですが、**知の探索の次には何が必要かというと、形式知化、つまり『言語化』だ**ということが分かると思います。形式化するにあたり、動画やプロトタイプをつくるケースもあるのですが、どうしても時間やお金、専門のスキルが必要になります。

その点、田丸さんが提唱している**ショートショート発想法は、形式知化する手段として手軽に実践しやすいので、非常に価値があるんですよ。**これからの日本の企業にとって必要不可欠な考え方じゃないかと思います」

田丸「そこまで言っていただいて、本当にありがたいです。ぼくの方法だと、紙とペンがあればできますね。ストーリーを書くことで頭が整理されますし、より伝わりやすくもなると実感しています」

入山「妄想からビジネスを考える利点として『自分事』になることも大きいですよね。妄想って、絶対主役は自分です。究極の自分事化になりますよ。**いま日本の会社に足りないのは、自分事化だと思っています。**

たとえば、役員の前で講演したときに『いや、入山先生、今日はすごくいい話聞きました。うちの社長に聞かせたいです』と言う人がいるんですよ。僕はもうその瞬間に『今日の講演は失敗したな』と思うんです。なぜなら、その本人にとっては、まったく自分事になってないじゃないですか」

田丸「そうですね、本当に……」

入山「ぼくが言ったことが響いたのなら、『社長に聞かせたい』ではなく『自分が未来の社長として何をすればいいだろう?』ということを考えないといけない。これも妄想のひとつですよね。あまり口には出さないですけど、ぼくは関わった会社に関しては『自分が社長だったらこうするな』と常に考えています」

idea

働き方の多様化により妄想的な起業家が増えている

田丸「話は変わりますが、日本は、空想・妄想することへの関心や、空想や妄想を認めてくれる場が少ないように感じています。入山さんはどう思われますか？」

入山「ぼくもそう思います。その理由のひとつには、まず日本の教育があるでしょうね。たとえば、将来の夢を作文で書くのは、小学校のときまでですよね。小学生の夢は、ほとんど妄想じゃないですか。ぼくの同級生は、『ガッチャマンになりたい』ということを書いていました」

田丸「はい、そうですね（笑）」

入山「そういった『スーパーマンになって人類を救いたい』といった妄想で全然構わないわけです。その気持ちを大人になるまで持ち続けている人が、本当に宇宙関係のビジネスを立ち上げるんです。小学生だけでなく、中学校や高校のときにこそ、知識も増えて自分の未来をのびやかに空想・妄想できる時期なのだから、勉強以外にも将来何になりたいかを妄想して語る機会をもっとつくればいいのに、と思います。実際には、そういう子供たちが社会人になって、さらにピタリと妄想しなくなる。なぜなら日本は終身雇用が一般的だからです。今は働き方の多様化が進んでいますが、終身雇用の場合、妄想しても、妄想を実現させる未来がないじゃないですか。自分の将来がある程度見えてしまっているので」

田丸「本当にそうですよね。ですが、教育システムは、まだまだ変わりそうにないですね」

入山「はい。でも今は働き方の多様化は進み、終身雇用制度は崩れてきていることもあってか、今ぼくのまわりでも20代の妄想的な起業家がだんだんと増えていて、ワクワクしています」

田丸「たとえば、どんな方がいますか?」

入山「高倉《たかくら》葉太《ようた》くんがやっている株式会社イノカは、『環境移送会社』とうたってサンゴの生態系を、デジタル技術を駆使して人工でつくっています。沖縄にいなくても、東京でサンゴの生態系の研究ができるということです。生態系の価値を伝えるなど、環境保全の活動をしています。彼はまさに妄想の達人ですね。

ほかにも、お茶で日本文化の価値を世界に証明することをミッションにしている株式会社TeaRoom の岩本涼《いわもとりょう》くんは、会社に茶室をつくりました。そこに海外の要人を呼んで、お茶を飲んでイノベーションを起こそうという。社内に茶室なんて、最高にワクワクする発想です」

田丸「最高ですね！　20代のおもしろい起業家が増えている理由は、雇用やキャリアの多様化のほかになにか考えられますか？」

入山「日本は今、経済などさまざまに行き詰まっている現実があります。世界的にも先進国では経済が成熟してきている傾向もあるので、『世の中のためになろう！』『人類がこれから生き延びていくためには社会問題を考えなきゃいけないよね！』という考えの人が増えているのだと思います」

田丸「ちなみに、今お話に出た高倉さんや岩本さんは、いわゆる空想や妄想の天才タイプなのでしょうか？」

入山「先ほど挙げた方々がユニークな妄想ができたのは、お二人の個性もあると思いますが、取り巻く環境の影響もあっただろうと思います。ただ、僕はどんな人もみんな、妄想する力を天然で持っているのではないかと考えています。田丸さんは、どう思いますか？」

田丸「ぼくもまったく同意見です。講座などでもお話ししているのですが、**空想や妄想はみんなできます。やろうとするかしないか、続けるか続けないかの違いです**」

idea

優等生の空想力を開放することが日本の底力につながる

田丸「ぼくは小学一年生くらいからお年寄りまで、書き方講座で教えているのですが、空想・妄想する力が全員にあると感じています。以前、ある中学生が講座を受けてくれたときの、最後の感想がとても印象的でした。『今日は、不思議でありえないお話を考えましたが、こういうストーリーが日頃頭をよぎっても、書いたり話したりしちゃいけないんだと思っていました。でも、今日は思い切ってやってみたら褒めてもらえて。初めての経験でびっくりしたけど、とても嬉しかったです』と。これに近い感想は、実はとても多くて。というのも、ありえない話をすると変なやつと思われ、空想を語っても鼻で笑われ……。空想や妄想に対するマイナスな反応は未だに日常の中で多くあるんですよね。

それを、ぼくは変えていきたい。空想を共有する場をつくるのもそうですし、個々の空想を認めたり、人の空想に興味を持ったり、自らも話すのが当たり前という空気をつくっていきたいと思っています」

入山「いいですね、妄想の習慣化」

田丸「まさにそれです！　関連する話で言いますと、学校で書き方講座をやらせていただく機会も多いのですが、優等生といわれる方からはぶっ飛んだものが出てきづらい傾向があるように感じていまして」

入山「優等生はステレオタイプで、『当てにいく』からね」

田丸「そうなんです。正直、ぼくもそちら側だったので分かるのですが、見え方を気にしすぎるというか、気にすることができてしまうというか。ただ、それをもって『だから優等生はつまらない』というのは早計だと思っています。というのが、そういった方たちはたしかに1回目ではブレーキを踏んでしまったかもしれませんが、2回、3回と繰り返すことで『これも書いていいのか！』とどんどん自分を解放できるようになっていって、急激におもしろくなっていくんです。むしろ、もともと基礎的な力がついている分、アクセルを踏んだときの爆発力が半端ではない。**この『優等生』というレッテルを貼られている人たちが、空想・妄想力を解放して、アクセル全開になれば、ぼくは日本の底力が上がると思っています。**なので、1回きりでなく、空想を習慣にしてもらうことはぼくにとってもとても大きなテーマです」

入山「妄想を習慣化して、やはりそれを表現することが大切ですよね。先ほど田丸さんも『世間では空想・妄想に対するマイナスな反応がある』と言われていましたが、言うと笑われる、反対されるかもしれないから口にしない、ということが、大人になってからもよくあります」

田丸「そうですね。企業やビジネスパーソン向けの書き方講座やワークショップをやらせていただくときに実感します。この空想・妄想に対するネガティブな閉塞感を変えていきたいと強く思いますね。少しずつ変化は感じます。入山さんがおっしゃるような、『これからは妄想の時代』という空気感がいよいよおとずれているということなのかもしれません」

idea 全員から反対されるアイデアこそ、イノベーションを起こす

入山「僕は仕事柄、**『誰もが納得するようなイノベーティブなアイデアを持ってきてください』なんて言われることがたまにあるんです。でも、そんなのないんです**」

田丸「反対がないイノベーション、前例があるイノベーションなんてないですよね。」

入山「そうなんですよ。反対が起きないものの何がイノベーティブなんだっていう。

　セブン＆アイ・ホールディングスの鈴《すず》木《き》敏文《としふみ》さんが、『セブンイレブンにおでんを置く』と言ったとき、役員全員の反対にあったという話を聞いたことがあります。当時はおでんをコンビニに置くなんて、においもするだろうし信じられないと。でも、置いたら大成功。賛成1：反対10のような状態から大成功したんです。

これがイノベーションですよね。だから、何が言いたいかと言うと、まわりを気にするのが最悪なんです。**みんなが反対したら、むしろ『やったぁ！』って思うくらいの感覚がGoodです。**講演するときに僕から受講生にお題を出すことがあるのですが、最近は『絶対に反対されるアイデアを持ってきてください』とお願いしました」

田丸「おもしろい！　真逆の考え方ですね」

入山「そうです。心の中にすごいアイデアを持っている人もいるはずなのに、みんなに反対されるのが嫌だから出てこないこともある。田丸さんの『どんな空想も、表に出していいんだよ』という活動は、本当に価値があると思います」

田丸「ありがとうございます」

idea 入山さんによるショートショート発想法

田丸「ここでぜひ、ぼくがいつもやらせてもらっているワークショップの簡略版で入山さんにもショートショートを考えていただきたいのですが、おつきあいくださいますか?」

入山「もちろんです」

田丸「ありがとうございます。では、まず、テーマは何にしましょうか? 企業の方にやっていただく場合は、その企業にまつわるものにするのですが」

入山「じゃあ……早稲田大学にしましょうか」

田丸「いいですね。では、『早稲田大学』から連想する名詞をいくつか挙げてくださ い」

入山「『大隈重信』、『クリムゾンレッド』、『国際化』……」

田丸「どんなシンプルなことでも大丈夫です」

入山「『キャンパス』、『ラーメン』、『ファミリーマート』。早稲田の街はラーメン屋とファミリーマートが多いんですよ」

田丸「ありがとうございます。ではこの6つからひとつ選んで、今回は『ラーメン』にしてみましょう。

『ラーメン』という名詞から思いつく言葉をいただけますか？　名詞でなくてもよいですし、早稲田大学に関係なくてOKです」

入山「『熱い』、『豚骨』、『眠くなる』、『流行りすぎ』。あとは、『あぶら』、『豚』」

田丸「では、この『ラーメン』から連想した言葉と、最初に早稲田大学をテーマにして出した名詞をくっつけてみましょう。名詞のほうは『ラーメン』以外でお願いします。どんな不思議な言葉がつくれますか？」

入山「『眠くなるファミリーマート』って面白いかも」

田丸「いいですね（笑）。ほかにはどうですか？」

入山「豚骨クリムゾンレッド」

田丸「クリムゾンレッドっていうのは、早稲田大学のカラーのことですよね？」

入山さんが作成した「不思議な言葉」

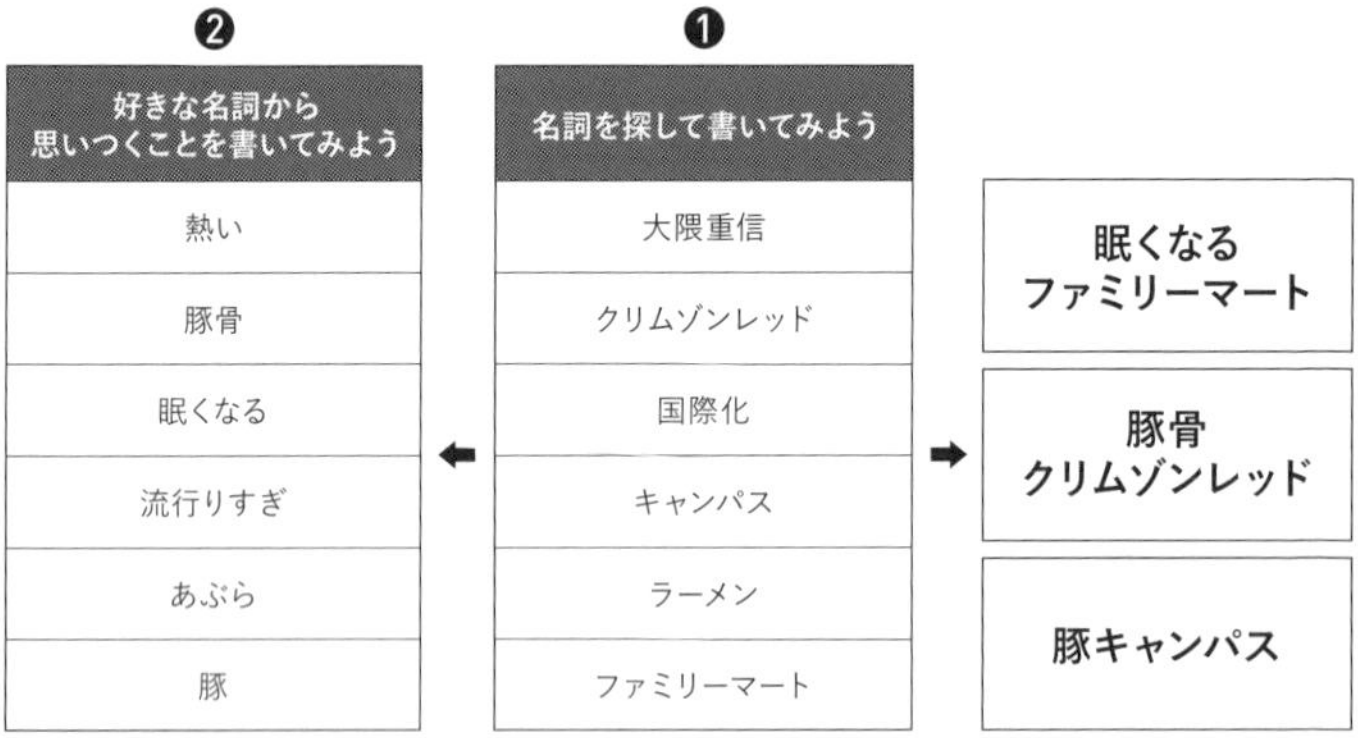

入山「そうです、ワインレッドに近いような色味です。あっ、もうひとつ思いつきました。『豚キャンパス』ってどうでしょう」

田丸「いいですね、ありがとうございます。では、この不思議な言葉の中からひとつ選んで、早稲田大学をテーマに想像を広げて、ショートショートをつくってみましょう。

『眠くなるファミリーマート』『豚骨クリムゾンレッド』『豚キャンパス』のどれにしましょうか?」

入山「もちろん『豚キャンパス』ですね」

田丸「即答でしたね(笑)。では、ここからは自由に空想・妄想したお話を聞かせてください。早稲田大学の豚キャンパス、それはどういうものなんですか?」

田丸「ほぅ、それは動物としての豚ということですか? それとも人間型の豚みたいな?」

入山「早稲田大学の学生は、実はみんな豚だったんですよ」

田丸「ほう、それは動物としての豚ということですか? それとも人間型の豚みたいな?」

入山「動物の豚です。豚であることが早稲田大学の入学資格なんです。それで、卒業したらチャーシューになる」

田丸「なんと!(笑)。この豚キャンパス、良いところってありますか?」

入山「学食の豚肉が美味しいんです」

田丸「その学食で出てくる豚というのは、通っている豚たちなんですか?」

入山「そのことで学生豚たちが今ざわついていて、『もしかしてそうなのか?』という噂になっています。なぜなら、キャンパスで可愛くて人気だったトン子ちゃんが昨日いなくなって、翌日、学食で食べた豚肉がやたら美味しいことが、学生豚たちの間で話題になっているからです。

　自分たちも豚なので感度がよくて、『この豚肉、もしかしてトン子ちゃんじゃない？』って」

田丸「なるほど。それはざわつきますね」

入山「卒業後にチャーシューになることは、学生のうちはみんな知りません。でも、このトン子ちゃんの一件をきっかけに、『もしかして俺たち、チャーシューになるの？』って気づきだすわけですよ。そこで、『豚学生運動』が起きます。そして、第二学生会館にこもりだすんです」

田丸「なるほど〜！　ちなみに、豚サイドでも大学の運営サイドでもなんでも良いのですが、この学生豚たちにとっての悪というか、敵となるような存在は何かありますか？」

入山「ライバルが慶應義塾大学で、慶應大学の学生はみんな牛なんですよ。で、青山学院大学が鶏です」

田丸「おおっ（笑）」

入山「その後、早稲田大学の噂を聞きつけて、慶應義塾大学も青山学院大学も卒業後に食べられてしまうことに気づき始め、牛キャンパスでも鶏キャンパスでも学生運動が起きます。やがて日本全国を巻き込んだ、牛豚鶏の学生蜂起が起こる。いろんな大学が、『うちは鴨です』『うちは羊です』と言って立ち上がり、大暴動に発展するわけです」

田丸「めちゃくちゃおもしろいです。

ここまでをまとめると、早稲田大学の学生さんはみんな豚で、自分たちでは気づいていないのだけれども、実は卒業後には食べられてしまう。あるとき、学食で食べた豚肉が美味しくて、『これは昨日いなくなったトン子ちゃんじゃないか？』とみんながざわつき始め、アイデンティティが崩壊しかける。そして、真相を暴くために学生運動が勃発。第二学生会館に立てこもり抗議が始まり、それを聞きつけた慶應義塾大学の牛と青山学院大学の鶏も立ち上がり一大騒動に発展。

日本中に波及をして、歴史に名を刻む大事件となる。おもしろいストーリーになっています！」

入山「さらに続きがあります。ここで起こった学生運動の参加者はみんな動物なので、日本は『動物を食べるのはやめよう』という風潮になるわけです。もう動物を食べる時代じゃないよね、豚も牛も鶏も人間と同じように学生になれるんだから、食べるなんておかしいよねと。

ところが、アメリカのハーバード大学の学生は実は麦、スタンフォード大学は米なんですよ。すると何が起きるかというと、今度は麦と米の反乱が起きて、『よく考えたら、麦も米もちゃんとした生き物なんだよな』という話になります。麦も米も、世界を巻き込んだ学生運動をきっかけに食べられなくなります。じゃあ、最後はもう野菜しかない。ところが、オックスフォード大学では学生であるダイコンの反乱が、ケンブリッジ大学ではカブの反乱が起きてしまいます。そうして、全世界の大学蜂起に発展し、人類には食べるものがなくなってそのまま飢え死にしてしまいます」

idea

考えたショートショートから現実世界に還元できるアイデアを探す

田丸「入山さん、さすがです。まったくよどみなく、すらすらと出てきましたね（笑）。
　この書籍では、今やっていただいたような発想のメソッドをご紹介しているのですが、空想のお話をつくったあとに、実際のビジネスや現実に還元できることはないか読み解くことも大切にしています。今の豚キャンパスのお話のなかで、現実に還元できそうなアイデアは、何かありますか？」

入山「早稲田大学にあえて還元すると、今世界共通の目標となっているSDGsを根本から考えて『そもそも人間って生きていていいんだっけ？』みたいなことを追求する学部をつくってもいいのかなと思いました」

田丸「なるほど。すでにあるかもしれませんが、たとえば豚などの感覚や感情などを可視化する研究なんかもあるといいかもしれませんね。それを受けて、人類はこれからどうしていくかを考えていくような学部とか」

入山「将来的にあり得なくないと思いますね。

実は、『豚キャンパス』の話の途中から、現実の世界とリンクさせて妄想していました。どこからかと言うと、『動物を食べるのはやめよう』のくだりからです。

先日、雑誌の『ナショナルジオグラフィック』で『動物たちの心』という特集を読んでいたら、最近の研究では『多くの生物にも感情がある』ことが分かってきたそうなんです。残酷な話ですが、豚は、自分が殺されるときに『怖い』と感じている可能性があるということですね。それを想像すると、なんだか食べられない。じゃあ、魚ならいいのか？　というと、どうやら魚も意識があるそうなんです。イカは感情を持っているし、タコも賢い生き物としても知られています。イカもタコも、殺されるときに『殺されたくない！　助けて！』って、思っている可能性があるわけです。そうなると、いよいよ魚介類も食べられない。植物も、根っこや粘菌でコミュニケーションしていると言います。じゃあ、そういう植物も殺していいのか？

『こういった生き物は言語能力がないだけで、本当は感覚や感情は持っている』ということを読んで知ったときに、僕は妄想しました。『このまま動植物の心や感覚の研究が進んだら、僕ら食べるものがなくなるんじゃないか？』とふと思ったんですよ。世界的に生物をもっと大事にしようという流れがありますし、『他種を食べてはいけない世の中になったら、共食いしかないのか？』みたいなことも考えました。もちろん、その前に生態系のバランスが崩れるなど、ほかの問題もあると思います。あくまで妄想ですね。僕はイーロン・マスクのようにすごい人間ではないけれど、『ナショナルジオグラフィック』から物理の知識を得て、頭の中で遠い未来の世の中を妄想したんですよね。偶然にも、ここで話題にしてきたことを、いま僕もやっていました（笑）」

田丸「さすがです。ぼくが読者の方にお伝えしたかった空想の意味や楽しさを、まさにここでお話しいただけました。最後に、ショートショートを体験、実践している読者のみなさんに、メッセージをいただけますか？」

入山「**大事なのは、自分の妄想力に自信を持つことです。**少し前ですが、『最もクリエイティブな国はどこか？』という意識調査をアドビシステムズ社が行ったところ、1位はなんと、日本だったんですよ。逆に『自分の国、自分の国の国民はクリエイティブだと思いますか？』という質問では、日本は最下位だったんです。

つまり、日本は本当は世界からクリエイティブと評価されているのに、自分たちに自信がないだけなのです。日本のどの部分が世界からクリエイティブだと評価されているかというと、漫画やアニメがメイン。だから、そういう心理的安全性があるところでは、日本人はすでに妄想を表現しているわけです。問題は、それ以外の、『妄想してはいけない』と勝手に思いこまれているテリトリーが多すぎることなのでしょう」

田丸「ぼくも、講座やワークショップで、『日本人は空想ネイティブだ』と強く伝えています。ですから、いま入山さんがおっしゃったように、空想・妄想をしてはいけないという思いこみがなくなるといいなと思います」

入山「はい、あとは自信を持って、のびのび妄想を習慣化しましょうよ。やはり、これからは**妄想の時代**です」

田丸「そうですね。空想・妄想はもっとビジネスや現実の中に活かせるものです。今回の対談で、改めてそれを感じました。本当にありがとうございました！」

おわりに

いかがでしたでしょうか。

ぼくがこれまでの活動で培ってきたものをできる限り本書にこめたつもりではありますが、ショートショートの魅力やそのビジネスシーンへの応用の可能性が少しでも伝わり、未来を切り拓くヒントが見つかっていればと願うばかりです。

また、本書を通じて常識やルールや思いこみのヘルメットを外し、さまざまな角度から柔軟に物事を見る感覚についても伝わるものがあればうれしいです。

個人的には、世の中にはまだまだ不必要な常識やルールや思いこみがあふれているように感じています。

小説家がビジネスに関わるなんて変。ビジネスパーソンが小説を書くなんて恥ずかしい。

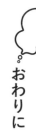

営業職は商品やサービスのアイデアを考えない。クリエイティブ職は商談しない。

理系だから、文系だから。

子供だから、シニアだから。


もちろん、常識やルールや思いこみの中には社会生活を営む上で必要なものも多々ありますが、思考停止や多様性の拒否、よりよい社会を目指す動きの抑制などにつながってしまっては元も子もありません。

この本が、そしてショートショートが、不必要なヘルメットを外すきっかけになればと願っています。


もうひとつ、**空想は役に立たないどころか、新しいものを生みだしていくには欠かせないものだ**という感覚も伝わっていればうれしいです。

ちなみに、ぼくが自分の活動の根本に据えているのが、「**空想で世界を彩る**」ということです。

空想の力があれば、ありふれていたはずのもの、見慣れていたはずのものがまったく別のものに見えはじめ、世界が輝きはじめます。

たとえば、ごくふつうのペットボトルを前にして、空想の力があればこんなことが頭をよぎるようになります。


「このラベルは、なんだか服のように見えるな」

「ラベルを剥がすと、ペットボトル自体が寒さを感じたらどうだろう？」

「じつはペットボトルは寒がりで、ラベルは寒さから身を守るためにあるのだとしたら？」

「冬はウール製のラベルにしてあげたら温かいかも？」


などのような具合です。

これらを「空想、妄想だ」と切り捨てるのは簡単です。

ですが、まずは楽しくないでしょうか、とぼくはお伝えしています。

そして、楽しいだけではなく発想力を磨くことにつながったり、それを物語にすることで文章力や論理的思考力を磨くことにつながっていったりします。
これらの力はきっとビジネスシーンでも役立つはずで、そこから新しい商品やサービスが生まれる可能性が大いにあることは本書で述べた通りです。

そんな空想するということを、ぼくはもっともっと広げていきたいなと思っています。**誰もが日常的に空想し、それを遠慮なく口にでき、さらにみんなでどんどん膨らませていけるような社会になればと願っています。**

その先に、イノベーションが次々と生まれる土壌のある、健やかで明るい世界が待っているのではないのかなと思います。

なお、ワークショップ「ショートショート発想法」の開催や講演会、田丸によるアイデア提供、作品執筆などのご依頼も大歓迎です。まずはご遠慮なく、田丸雅智の公式サイトのお問い合わせフォームからお気軽にお声かけいただければ幸いです。

ということで、ショートショートで今日からあなたも空想を。
その空想が、きっと、世界を素敵に変えていきます。

［ブックデザイン］
金澤浩二
［カバー・本文イラスト］
森 優
［図版作成］
長田周平
［DTP・校正］
株式会社RUHIA

【ワークシート①】不思議な言葉をつくる

❶ 好きな名詞を1つ書き、残りの枠に自社や
自社の業務領域に関連する名詞を書いてください。

❷ 好きな名詞から思いつくことを自由に10個書いてください。

❷

好きな名詞から思いつくことを書いてみよう

⬅

❶

名詞を探して書いてみよう	

➡

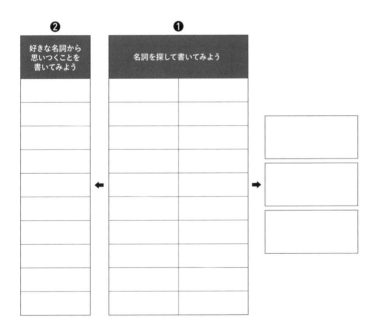

【ワークシート②】想像を広げよう／短い物語にまとめよう

選んだ言葉

それは、どんなモノですか？ 説明してください。空いたスペースにイラストで描いてもOKです。

↓

それは、どこで、どんなときに、
どんな良いことがありますか？

それは、どこで、どんなときに、どんな悪いこと、
または左で書いたこと以外のどんなことがありますか？

↓

上に書いたことをまとめてください。（出たもの全部を使わなくてもOKです。）

題名：

［著者略歴］

田丸雅智（たまる・まさとも）

1987年、愛媛県生まれ。東京大学工学部卒、同大学院工学系研究科修了。

2011年、『物語のルミナリエ』に「桜」が掲載され作家デビュー。12年、樹立社ショートショートコンテストで「海酒」が最優秀賞受賞。「海酒」は、ピース・又吉直樹氏主演により短編映画化され、カンヌ国際映画祭などで上映された。坊っちゃん文学賞などにおいて審査員長を務め、また、全国各地でショートショートの書き方講座を開催するなど、現代ショートショートの旗手として幅広く活動している。

書き方講座の内容は、2020年度から小学4年生の国語教科書（教育出版）に採用。

同内容を企業向けに発展させたワークショップ「ショートショート発想法」も多数開催。このワークショップは、メーカー、IT企業、コンサルティング企業など、大手を中心にさまざまな業種の企業で開催され、好評を博している。参加者も広報部門から企画部門、研究開発部門まで多様で、年齢も若手から管理職、ベテラン、経営層と多岐にわたる。

2021年度からは中学1年生の国語教科書（教育出版）に小説作品が掲載。著書に『海色の壜』『おとぎカンパニー』など多数。メディア出演に「情熱大陸」（TBS系）「SWITCHインタビュー達人達」（NHK）など多数。

田丸雅智 公式サイト：http://masatomotamaru.com/

ビジネスと空想《くうそう》

空想《くうそう》からとんでもないアイデアを生《う》みだす思考法《しこうほう》

2023年3月11日　初版発行

著　者　田丸雅智

発行者　小早川幸一郎

発　行　株式会社クロスメディア・パブリッシング
〒151-0051 東京都渋谷区千駄ヶ谷4-20-3 東栄神宮外苑ビル
https://www.cm-publishing.co.jp
◎本の内容に関するお問い合わせ先：TEL（03）5413-3140／FAX（03）5413-3141

発　売　株式会社インプレス
〒101-0051 東京都千代田区神田神保町一丁目105番地
◎乱丁本・落丁本などのお問い合わせ先：FAX（03）6837-5023
service@impress.co.jp
※古書店で購入されたものについてはお取り替えできません

印刷・製本　中央精版印刷株式会社

 ISBN978-4-295-40805-5　C2034